"The Belt and Road"
Industrial Design Patent System Guidence

"一带一路"
外观设计专利制度导航

主　编　白光清
副主编　王晓峰

知识产权出版社
全国百佳图书出版单位

图书在版编目（CIP）数据

"一带一路"外观设计专利制度导航 / 白光清主编 . — 北京：知识产权出版社，2016.9
ISBN 978-7-5130-4446-2

Ⅰ. ①一… Ⅱ. ①白… Ⅲ. ①外观设计—知识产权制度—专利制度—世界 Ⅳ. ①D913.4

中国版本图书馆CIP数据核字（2016）第215634号

| 责任编辑：段红梅 石陇辉 | 责任校对：谷 洋 |
| 装帧设计：刘 伟 | 责任出版：刘译文 |

"一带一路"外观设计专利制度导航

主编 白光清 副主编 王晓峰

出版发行：知识产权出版社有限责任公司	网 址：http://www.ipph.cn
社 址：北京市海淀区西外太平庄55号	邮 编：100081
责编电话：010-82000860转8119	责编邮箱：duanhongmei@cnipr.com
发行电话：010-82000860转8101/8102	发行传真：010-82000893/82005070/82000270
印 刷：北京科信印刷有限公司	经 销：各大网上书店、新华书店及相关专业书店
开 本：787mm×1092mm 1/16	印 张：14
版 次：2016年9月第1版	印 次：2016年9月第1次印刷
字 数：200千字	定 价：48.00元
ISBN 978-7-5130-4446-2	

出版权专有 侵权必究
如有印装质量问题，本社负责调换。

编委会

主　编　白光清

副主编　王晓峰

编　委　白光清　王晓峰　崔建国　李明亮
　　　　刘　苗　李良平　张　颖　闫占磊
　　　　杜　娜　刘　芳　申　健

前　言

"一带一路"是"丝绸之路经济带"和"21世纪海上丝绸之路"的简称，是世界上跨度最长的经济大走廊，发端于中国，贯通中亚、东南亚、南亚、西亚乃至欧洲部分区域，东牵亚太经济圈，西系欧洲经济圈。实施"一带一路"战略是中国根据全球形势深刻变化作出的重大战略决策，也是中国今后经济工作的主要任务之一。"一带一路"沿线经济总量大，根据世界知识产权组织数据统计，到2014年全年GDP总量就超过了41万亿美元，并继续以较高的速度发展。

知识产权工作对经济发展有不可替代的作用，甚至是经济开展的先导因素。"一带一路"沿线国家知识产权环境复杂。在实施"一带一路"发展战略过程中，必然引发知识产权国际规则的调整和知识产权竞争的加剧。伴随着中国企业海外布局、对外合作与对外投资步伐的加快，市场竞争加剧，企业"走出去"过程中遭遇知识产权国际纠纷将会越来越多。掌握国外知识产权环境和知识产权制度，及早制定适合的知识产权保护策略则显得尤为重要。

在"一带一路"沿线各主要国家及地区的知识产权制度体系中，外观设计保护制度不同于发明或者实用新型专利，各国外观设计制度从保护客体到审查模式均有较大不同，同时也都有一些不同于其他国家的特色外观制度。因此，只有深入了解各国的外观专利制度，在不同的国家采取不同的申请方式及申请策略，才能充分保护外观设计上的创新。

本书研究的对象包括了"一带一路"沿线主要的国家或地区，比如东盟地区代表国日本和韩国，南亚代表国印度，非洲地区工业产权组织，西路代表国俄罗斯以及欧盟和海牙协定的专利制度，还包括与其有着紧密联系的亚太经济圈代表国美国。具体内容上，本书首先系统地整理了"一带一路"沿线国家或地区的典型外观设计制度。通过制度介绍使读者对"一带一路"沿线国家或地区外观设计制度有整体认识，同时还呈现上述国家或地区较为完整的申请实务内容，并对主要国家的实质性授权条件和侵权判定进行了分类介绍。希望为中国企业参与"一带一路"沿线国家或地区的外观设计知识产权活动提供参考。

本书由国家知识产权局专利局专利审查协作北京中心白光清主任负责总体策划。由王晓峰、崔建国负责全书的统稿工作。各章的具体撰写人员为：

第一部分第1章、第二部分第1章由刘苗撰写；

第一部分第2章、第二部分第2章由李良平撰写；

第一部分第3章、第二部分第3章由张颖撰写；

第一部分第4章、第二部分第4章由闫占磊撰写；

第一部分第5章、第二部分第5章、第三部分由李明亮撰写；

第一部分第6章、第二部分第6章由杜娜撰写；

第一部分第7章、第二部分第7章由刘芳撰写；

第一部分第8章、第二部分第8章由申健撰写。

本书还借鉴了行业内很多极具价值的研究和翻译成果，在此表示衷心感谢。同时感谢金晓为本书撰稿提供的帮助和支持。

当然，由于作者水平有限，以及各国制度经常性调整，文中可能会存在不周或错误之处，也希望广大读者提出宝贵意见！

目 录

前 言

第一部分 外观设计专利制度简介   1

第一章 东盟代表国家外观制度——日本   2
1.1 保护客体   2
    1.1.1 可专利性条件   2
    1.1.2 客体范围   3
    1.1.3 不授权情形   8
    1.1.4 申请文件的修改   11
1.2 特色制度   13
    1.2.1 部分外观设计保护制度   13
    1.2.2 成套产品外观设计申请制度   14
    1.2.3 关联外观设计申请制度   16
    1.2.4 重新确定申请日制度   18
    1.2.5 保密外观设计申请制度   18
    1.2.6 转换申请制度   20
    1.2.7 优先审查（加快审查）   20

第二章 东盟代表国家外观制度——韩国   22
2.1 保护客体   22
    2.1.1 可专利性条件   22
    2.1.2 客体范围   22
    2.1.3 不授权情形   28

2.2 特色制度 30
    2.2.1 双轨审查制度 30
    2.2.2 重新确定申请日制度 31
    2.2.3 保密外观设计申请制度 32
    2.2.4 转换申请制度 32
    2.2.5 成套、复数及关联外观设计申请制度 32
    2.2.6 优先审查制度 35

第三章 南亚代表国家外观制度——印度 36
3.1 保护客体 36
    3.1.1 可专利性条件 36
    3.1.2 不授权情形 37
    3.1.3 外观设计与著作权的关系 39
3.2 特色制度 39

第四章 北非地区外观制度
    ——非洲地区工业产权组织 42
4.1 非洲地区工业产权组织的基本情况 42
    4.1.1 非洲地区工业产权组织简介 42
    4.1.2 ARIPO 的创立和发展 42
4.2《哈拉雷议定书》 47
4.3 结论 49

第五章 西路地区代表外观制度——俄罗斯 50
5.1 保护客体 50
    5.1.1 可专利性条件 50
    5.1.2 客体范围 51
    5.1.3 不授权情形 55
5.2 特色制度 55

第六章 欧洲地区外观制度——欧盟　57
6.1 保护客体　57
6.1.1 可专利性条件　57
6.1.2 客体范围　58
6.1.3 不授权情形　59
6.2 特色制度　60
6.2.1 注册制与非注册制　60
6.2.2 不丧失新颖性宽限期　61
6.2.3 保护设计的制度　62
6.2.4 部分外观设计保护制度　62
6.2.5 成套产品外观设计申请制度　63
6.2.6 复数外观设计申请制度　64
6.2.7 重新确定申请日制度　64
6.2.8 展会优先权制度　65
6.2.9 延迟公布制度　65

第七章 其他国家代表外观制度——美国　67
7.1 保护客体　67
7.1.1 可专利性条件　67
7.1.2 客体范围　67
7.1.3 不授权情形　70
7.2 特色制度　75
7.2.1 不丧失新颖性宽限期制度　75
7.2.2 加快审查制度　75
7.2.3 继续申请制度　76
7.2.4 部分继续申请制度　76
7.2.5 再颁布制度　77

第八章 国际外观制度——《海牙协定》　79
8.1 保护客体　80
8.1.1 工业品外观设计　80

        8.1.2 工业品外观设计保护的范围保护　　81
　　8.2 特色制度　　81
　　　　8.2.1 国际展览的优先权　　81
　　　　8.2.2 公布　　82
　　　　8.2.3 海牙协定优势　　83

第二部分　外观设计专利申请实务　　85

第一章　日本外观设计专利申请实务　　86
　　1.1 申请需提交的文件　　86
　　1.2 申请基本流程　　88
　　1.3 期限、费用相关规定　　90

第二章　韩国外观设计专利申请实务　　91
　　2.1 申请需提交的文件　　91
　　2.2 申请基本流程　　94
　　2.3 期限、费用相关规定　　97

第三章　印度外观设计专利申请实务　　100
　　3.1 申请需提交的文件　　100
　　3.2 申请基本流程　　103
　　3.3 期限、费用相关规定　　105

第四章　非洲地区工业产权组织外观设计专利申请实务　　106
　　4.1 外观设计注册基本要求　　106
　　4.2 外观设计注册基本流程　　106
　　4.3 非洲地区工业产权组织外观设计相关费用收费标准　　107

第五章 俄罗斯外观设计专利申请实务　　　　　　　　**109**
　　5.1 申请需提交的文件　　　　　　　　　　　　　　109
　　5.2 申请文件的审查　　　　　　　　　　　　　　　109
　　5.3 申请基本流程　　　　　　　　　　　　　　　　115

第六章 欧盟外观设计专利申请实务　　　　　　　　　**117**
　　6.1 申请需提交的文件　　　　　　　　　　　　　　117
　　6.2 申请基本流程　　　　　　　　　　　　　　　　126
　　6.3 期限、费用相关规定　　　　　　　　　　　　　129
　　6.4 申请文件的修改　　　　　　　　　　　　　　　130

第七章 美国外观设计专利申请实务　　　　　　　　　**134**
　　7.1 申请需提交的文件　　　　　　　　　　　　　　134
　　7.2 申请基本流程　　　　　　　　　　　　　　　　138
　　7.3 期限、费用相关规定　　　　　　　　　　　　　141

第八章 海牙外观设计专利申请实务　　　　　　　　　**145**
　　8.1 提交国际申请的资格　　　　　　　　　　　　　145
　　8.2 国际申请的流程　　　　　　　　　　　　　　　147
　　8.3 国际申请的语言　　　　　　　　　　　　　　　148
　　8.4 国际申请的提交方式　　　　　　　　　　　　　148
　　8.5 国际申请中包含的外观设计数量　　　　　　　　151
　　8.6 对复制件的要求　　　　　　　　　　　　　　　151
　　8.7 对样本的要求　　　　　　　　　　　　　　　　154
　　8.8 国际申请的申请日　　　　　　　　　　　　　　154
　　8.9 国际申请中的不规范　　　　　　　　　　　　　155
　　8.10 驳回　　　　　　　　　　　　　　　　　　　　156
　　8.11 国际申请的保护期限　　　　　　　　　　　　　158
　　8.12 国际申请应缴费用　　　　　　　　　　　　　　158

第三部分　实质授权条件及侵权判定　　161

第一章　新颖性比较　　164
1.1 各国判断条件对比　　164
1.2 各国判断要件分析　　165
1.2.1 判断主体　　165
1.2.2 产品类别　　168
1.2.3 判断方法　　169

第二章　创造性比较　　177
2.1 各国判断条件对比　　177
2.2 各国判断要件分析　　178
2.2.1 判断主体　　178
2.2.2 产品类别　　178
2.2.3 判断方法　　179
2.2.4 案例分析　　186

第三章　侵权判定分析　　193
3.1 各国判断条件对比　　193
3.2 各国侵权判断原则与标准分析　　194
3.2.1 美国　　194
3.2.2 日本　　195
3.2.3 韩国　　195
3.2.4 欧盟　　196
3.3 各国侵权案例分析　　198

参考文献　　207

第一部分
外观设计专利制度简介

第一章
东盟代表国家外观制度——日本

1.1 保护客体

1.1.1 可专利性条件

日本的《外观设计法》第 2 条中规定的外观设计，是指关于物品（包含物品的部分）的形状、图案、色彩或其结合的、通过视觉引起美感的设计。其中物品的部分形状、图案或色彩或其结合包括用于产品操作（仅限于为了使该产品实现发挥其功能的状态而进行的操作）在该产品上或者与该产品作为一个整体使用的产品上所显示的图像。

从外观设计的定义中可以得出，外观设计注册申请获得专利权所要满足的条件应当首先认定为物品，外观设计必须以物品为载体。物品与形态不可分离，外观设计必须是对物品的形态进行的创作，脱离物品的形态的创作例如仅图案或色彩的创作不认定为外观设计。外观设计法中的物品是指具有形体，且可在市场上流通的动产。其次，申请注册的外观设计应当是物品自身的形态，物品自身的形态是指物品的特征或性质产生的形态。例如当物品为毛巾时，以销售展示效果为目的将毛巾折叠成的动物的形态不是物品自身的形态。再者，应当诉诸视觉，诉诸视觉指的是外观设计全体的形态可由肉眼识别。最后，应当能够通过视觉引起美感，外观设计必须通过视觉引起美感，该美感不是要求如美术品那样的高尚的美，只要外观设计不是极丑陋的，不会引起人们的憎恶与反感的，引起任何美感的产品就足以。但是以功能、作用效果为主要目的，通常认为不引起美感。

日本对计算机用的非美术字体、描述性字体，即对容易辨认的字体，不予以保护，因为这些字体不能与千千万万人所书写的字体有明显区别。日本目前尚未将字体设计作为外观设计的保护客体，字体的保护主要依赖《著作权法》。日本在外观设计申请文件中虽然也可以包括文字，但是专门用于传达信息的文字，不被认为是图案，不构成外观设计的一部分，不能获得外观设计专利保护。

1.1.2 客体范围

首先，申请注册的外观设计应当具有新颖性和创作非容易性两个要件，此外，还必须是工业上可利用的外观设计。其次，违反道德、与他人发生混淆的设计以及功能限定的设计均被排除在日本《外观设计法》之外。

申请注册的外观设计必须在工业上可利用。工业上可利用，意思为利用工业技术可反复大量生产同一物品，无须真地在现实中工业上利用，具有可能性即可。

1. 界面设计

日本外观设计保护客体包括图像设计。

《外观设计审查指南》明确规定可以以整体外观设计的形式或部分外观设计的形式来保护呈现在液晶显示屏上的界面设计，《外观设计注册申请的格式及图画要求审查指南》具体规定了图像设计申请的提交办法，将界面设计涵盖计算机图像和图形化使用者图像的设计。

包含界面设计的外观设计进行注册申请能取得外观设计注册必须满足的要件有：是工业上可利用的外观设计、具有新颖性、具有创作非容易性、不是与在先申请的外观设计一部分相同或类似的在后申请的外观设计。

为了进一步促进对图像设计的保护，日本从2016年4月1日起执行修改后的《外观设计审查指南》，修改后的《外观设计审查指南》明确规定了作为受保护的图像设计不再限定在适用于物品并与物品功能的实施不可分割的范围，且独立于产品创作出来的软件、通过安装而显示的图像均属于外观设计专利保护的内容。具体有以下几点需要注意：

1）允许仅仅就界面设计的"图像"本身申请外观设计。图像设计本身可以作为注册外观设计的主题，不必限定其适用的物品以及在物品整体形态中的位置、大小和范围。

如图1.1-1所示的带有计步功能的电子计算机，该图像设计既可以应用于手机也可以应用于其他能够显示的电子设备。

2）除了专用界面，预安装的软件、可更新下载的软件的界面设计也属于外观设计的保护范围，例如安装于计算机、智能手机、平板电脑的APP界面等。

如图1.1-2所示，界面设计是手机预安装软件的界面，可以取得外观设计注册。

图1.1-1 带有计步功能的电子计算机　　　图1.1-2 手机软件界面设计

3）如果界面设计存在多个图像的变化，首先应当基于同一操作目的，其次在画面上应当具有一定的关联性，否则在初步审查阶段将被驳回。

如图1.1-3所示，图像设计显现于人体成分测量仪的显示屏上，是该产品不可或缺的一部分，且屏幕显示的图像变化前后的形态具有一致性。

根据以上规定可以看出，执行新的审查基准后，日本界面设计的保护范围与中国类似。

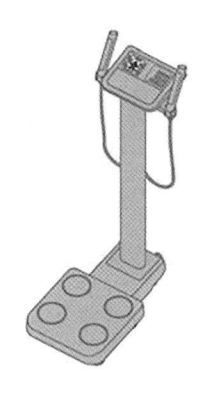

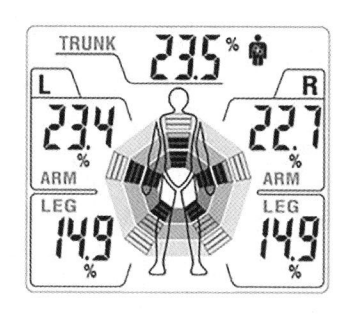

图 1.1-3 人体成分测量仪界面设计

2. 部分外观设计

产品的部分,是指本身不能成为交易物品的产品的某个部分。因此,所谓部分外观设计是指对产品的部分的形状、图案、色彩或者其结合所作出的通过视觉能够引起美感,并可以在工业上利用的设计。有一种情况应当注意,产品的零部件与完整的产品可以分离时,零部件能够成为独立的交易物品,该零部件不可以作为部分外观设计申请专利;但是当零部件仅仅是完整产品不可分割、不能单独交易的一部分时,零部件无法作为独立的整体外观设计申请专利,则可以作为部分外观设计申请专利。照相机的握持部分、轿车的前脸部分、衣服上的图案、包装瓶的侧面、手机的通电界面等均是日本的较常见的部分外观设计专利申请。

如何判断哪些专利申请属于部分外观设计?可以通过申请书中记载的外观设计使用的产品、外观设计说明,以及申请书所记载的附图来判断。而部分外观设计的申请文件所记载的附图中以实线描绘请求保护的部分设计,以虚线描绘其他部分。虚线描绘的其他部分也应当清楚明确,因为从中可以看出部分外观设计在整个产品中的位置、大小、比例等关系。

日本《外观设计法》第 7 条规定:"申请部分外观设计,与申请整体外观设计时相同,都是以产品进行分类。"由此可见,日本的部分外观设计对物品性的要求是一贯的,也就是说,与申请有关的物品必须认定为外观设计法的物品,而且部分外观设计的载体也必须是物品。所以,申请部分外观设计与申请整体外观设计相同,均需要具备新颖性、创作非容易性、工业上可利用等一般注册条件。

而对于部分设计申请文件的形式要求的特殊性主要体现在视图的制作上面,正如前文所述,申请部分外观设计时,请求保护的部分是由实线所描绘的,其他部分是由虚线所描绘的,这两部分共同构成外观设计,外观设计申请的主题是所涉及产品的整体外观设计。要求保护的外观设计只是由实线所描绘的部分,其余不要求保护的部分除用虚线表示或阴影等表示外,还需要在外观设计简要说明中说明。应当注意的是,部分外观设计的优先权必须是部分外观设计申请,包含该部分外观设计的整体产品的外观设计不能作为部分外观设计的优先权基础。

日本《外观设计法》第3条第1款规定工业上可利用的外观设计,必须满足物品性,属于物品的自身形态和诉诸视觉等要件,还有以下几种具体的情况:

1)不被认定为物品的产品不属于部分外观设计保护内容,通常有两种情况,一是未以产品为载体的图案或色彩,二是产品的形状不是常规形态的。如图1.1-4所示,申请书所记载的附图中仅记载了产品的图案部分,

图1.1-4 T恤衫的图案1　　　　图1.1-5 T恤衫的图案2

没有记载产品的整体，该图案部分不能作为部分外观设计被授予外观设计权。而如图 1.1-5 所示的申请书所记载的附图中用实线标明要求保护的部分外观设计，用虚线明确表明产品的其他部分，这种既记载了产品的图案部分，又记载了产品的载体，已清楚说明了产品的类别、位置、大小等设计内容，则可以被授予外观设计权。

2）部分外观设计要求保护的部分需属于产品整体一部分完整的范围，是能够与其他外观设计进行比较的，不能比较的不能成为部分外观设计保护的内容。换句话说，要求保护的部分外观设计必须是整体外观设计中的一个封闭的区域，该部分属于部分外观设计的可创作单元，能够与其他外观设计进行比较。如图 1.1-6 所示，实线部分仅为一条棱线，不含有面积的部分，不属于占有产品整体外观设计的一定范围的部分，不能给予外观设计专利权保护。而如图 1.1-7 所示，虽然实线部分在产品的整体外观设计中占有一定范围，但是该部分不是部分外观设计的可创作单元，也不能成为与其他外观设计的对比对象的部分。

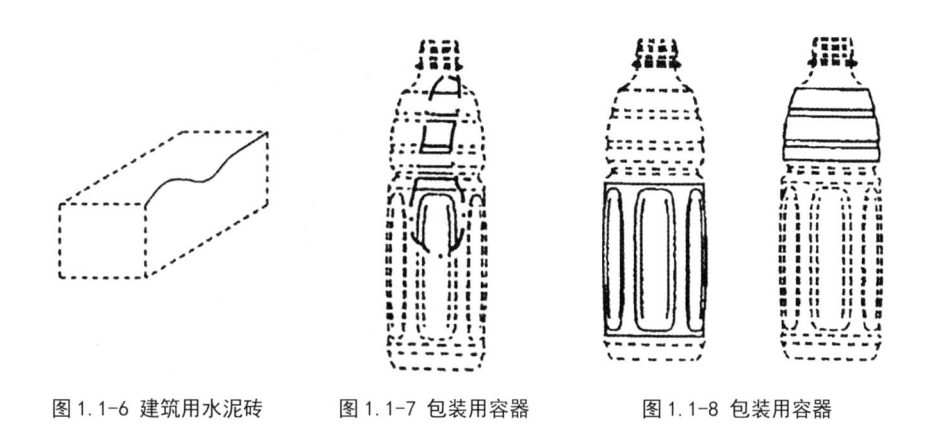

图 1.1-6 建筑用水泥砖　　图 1.1-7 包装用容器　　图 1.1-8 包装用容器

如图 1.1-8 所示的两个案例，实线描绘的部分在产品的整体外观设计中占有一定范围，属于可创作单元，能够与其他外观设计进行比较，因而是能够获得部分外观设计保护的内容。

3）成套产品中的部分产品是不可以作为部分外观设计进行保护的。因为成套产品外观设计的价值在于其组合成整体时的状态。

1.1.3 不授权情形

日本《外观设计法》第 5 条规定，下列外观设计不能授予外观设计专利权

1. 妨害善良风俗的外观设计不能取得外观设计注册

妨害善良风俗的外观设计是指对于健全身心者的道德观有不当刺激，引起羞耻、厌恶的外观设计。例如，图 1.1-9 模仿吸血鬼割喉血痕的项链、图 1.1-10 女性裸体造型、图 1.1-11 采用骷髅头形状和图案的外观设计在日本会被认为"滑稽""变形"或者"不严肃"，不符合授权标准。

1.1-9 模仿吸血鬼割喉血痕的项链

图 1.1-10 采用女性裸体造型的布娃娃　　图 1.1-11 采用骷髅头形状和图案的纹身机

2. 妨害公共秩序的外观设计不能取得外观设计注册

妨害公共秩序的外观设计指表示日本或外国元首的像或国旗的外观设计、表示日本皇室的菊花徽章或外国王室的徽章等的外观设计。可能与他

人业务有关的物品混淆的外观设计不能取得外观设计注册。

根据《外观设计审查基准及审查运用》的相关规定，表示他人的著名徽章或容易与之混淆的徽章的外观设计大多会与其物品同这些业务有关设计、制作或者销售的产品混淆，因此，不能取得外观设计注册。如使用国际奥林匹克委员会、国际红十字会等此类国际性组织的标志的外观设计，或者使用国家皇室的徽章等的外观设计，均属于会妨害公共秩序的设计，属于日本《外观设计法》第5条第1项规定的不能取得外观设计注册的外观设计；使用他人的著名标志或徽章，或者容易与其混淆的标志或徽章的外观设计，会产生与他人的业务有关的物品混淆，属于日本《外观设计法》第5条第2项规定的不能取得外观设计注册的外观设计。但是，对于包含作为图案表示的运动会情景中的万国旗等间接引用的，不认为是有害于公共秩序的情形。

日本根据其《外观设计法》第26条的规定，若实施一项外观设计权使用了他人在先申请获得注册的商标、著作权，或者一项外观设计权与上述权利相冲突的，外观设计权人、其独占实施权人或者普通实施权人不得实施其注册外观设计或类似的外观设计。而且即使在外观设计的注册阶段获得注册，其在实施上也存在限制。

例如，使用如图1.1-12所示标志（奥运会标志、中国志愿者标志）的外观设计，因其可能有损公共秩序，依据日本《外观设计法》第5条第1款，不能授予外观设计专利权。

（a）奥运会标志　　　　　　（b）中国志愿者标志

图1.1-12　不能授予外观设计的标志

3. 为了确保物品的功能只由不可缺少的形状构成的外观设计不能取得外观设计注册

日本《外观设计法》第 5 条第 3 项规定，"为了确保物品的功能只由不可缺少的形状构成的外观设计，不能获得外观设计的注册"。《外观设计法》第 2 条第 1 款也规定，缺乏美感的外观设计不予注册。对于什么设计属于该条款中规定的情形，《外观设计审查基准及审查运用》第 41.1.4.1 节作出明确规定，即为了确保物品的技术功能，由必然确定的形状构成的外观设计，或者为了确保物品的互换性等，只得由标准化的规格确定的形状构成的外观设计，均认定为上述不能获得外观设计注册的外观设计。

如何确定有关外观设计注册申请是否为必然的形状，《外观设计审查基准及审查运用》中规定，应着重于判断体现物品的技术功能的形状，同时要特别考虑是否可确保其功能的代替形状是否存在其他情况，是否包含从外观设计评价方面考虑必然的形状以外的适当形状。

例如图 1.1-13 中工具箱的内部布局和外部形状，不是为了确保产品功能而不可或缺的形状，因此去除工具以外的工具箱的该部分外观设计，不属于《外观设计法》第 5 条第 3 款规定的外观设计。

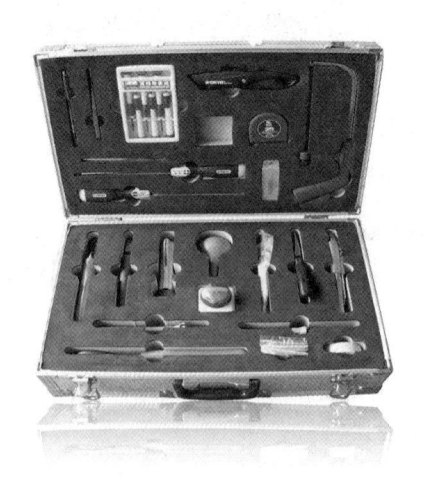

图 1.1-13 工具箱外观设计

1.1.4 申请文件的修改

1. 修改时机和基本内容

申请人可以对申请日的请求书、请求书所附的图片照片、模型或者样品进行补正，以上所述的所有内容都将成为外观设计判断修改是否超范围的基础。

日本外观设计申请文件的修改包括申请人的主动修改和应审查员要求的修改，但审查员不能对申请文件进行依职权修改。申请人可以在授权之前、不服驳回决定的审判阶段、再审阶段对申请文件进行修改。日本《外观设计法》并未对主动修改的时间作出限制，所有规定期限内的补正均将被受理。但在外观设计被授权后或者无效阶段，均不允许对外观设计内容进行补正修改。

2. 修改超范围的判断

能够根据"该外观设计所属领域常识""善意理解""微小错误"等原则确定未变更外观设计的要旨的修改不属于超范围，但应当注意的是，不能直接导出的修改和部分外观设计的变化等均属于修改超范围，其重点在于确定修改是否变更了外观设计的要旨。各种修改的超范围的情况见表1.1-1。

表1.1-1 各种修改超范围情形的判断标准对比

修改内容	判断标准	变更要旨的修改	不变更要旨的修改
产品名称修改	根据修改后产品的用途和功能，与申请日申请书中填写的内容和视图表示的内容综合判断得出的产品用途和功能是否一致，来判断修改后的产品名称是否属于超范围的修改	从"房屋"修改为"玩具房屋"，因产品的使用用途完全改变，属于超范围的修改	申请日提交的产品名称说明为房屋，房屋根据该产品领域的常识或原来申请时的填写内容判断为可以是人居房屋，也可以是饲养动物的场所，则从"房屋"修改为"马厩"不属于超范围的修改

续表

修改内容	判断标准	变更要旨的修改	不变更要旨的修改
视图修改	根据日本审查基准的规定，外观设计的要旨是指根据该外观设计所属领域常识，从申请书的记载和申请书附图等直接导出的具体的外观设计的内容	A．根据该外观设计所属领域常识，认定为变更要旨 B．将申请当初不清楚的外观设计要旨加以明确属于变更要旨的修改	A．根据该外观设计所属领域常识，修改为相同范围时，不属于变更要旨的修改 B．将不影响外观设计要旨认定的微小部分的不完整记载修订为完整记载时，不属于将原申请书记载和申请书附图等的要旨变更
部分外观设计的修改	产品名称说明和用途说明的修改	变更请求保护部分的形态的修改	变更"其他的部分"的形态的修改
	根据该外观设计所属领域中的通常知识，当与请求保护部分有关的物品和请求保护部分的用途和功能超出了可当然得到相同范围时，视为要旨的变更	请求保护部分的形态根据所属领域常识毫无疑义地推导出的相同的范围地变更的修改或者该部分的形态自身不变更，但请求保护部分在整体产品的形态中的位置、大小、范围修改属于变更要旨的修改。另外，申请日时部分设计在整体形态中的位置、大小、范围不明确时，将其明确的修改也属于变更要旨的修改	通过将"其他的部分"用实线订正，将请求保护部分的形态成为根据该外观设计所属领域中通常的知识以超过可当然导出的相同的范围地变更的修改或者变更"其他部分"的轮廓形状，将部分设计的整体产品的形态中的位置、大小、范围成为根据该外观设计所属领域中通常的知识以超过可当然导出的相同的范围地变更的修改为变更要旨的修改

修改超范围案例：根据该外观设计所属领域常识，给予第三者难以预料的观点，这样的修改可认定对原申请书的记载或申请书附图等要旨变更的修改。如图 1.1-14 所示，修改后的视图表示在穿鞋带处顶端增加了一

原视图　　　　　　　　　修改后的视图

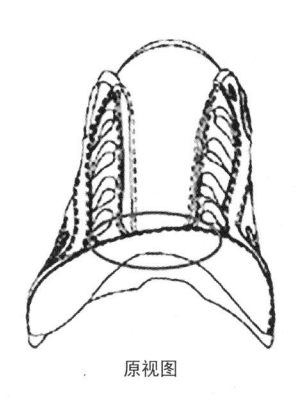

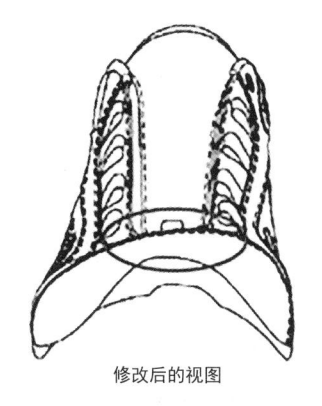

图 1.1-14　变更设计要旨的修改

个小套环，在中国外观设计专利申请中，这一设计内容对于该产品而言是极为微小的，因此不属于明显超范围的修改。但值得注意的是，在日本，上述设计内容对于该产品而言虽然微小，但是这一设计内容的增加是具有功能的设计，此修改属于变更了设计要旨的修改。虽然一般情况下是允许把不影响外观设计主要内容认定的细微部分的错误修改为没有错误的内容的，但是在"短靴"这个领域，鞋带套环很重要，不能称为不影响外观设计主要内容认定的细微部分，因此增加鞋带套环的图纸修改，变更了设计的要旨，属于超范围的修改。

1.2 特色制度

1.2.1 部分外观设计保护制度

在引入部分外观设计制度之前，一个外观设计包含了多处具有独创性、且具有特征的创作部分时，该外观设计只能够取得产品整体的外观设计权，即使它的某一部分被模仿，只要避开了对整体外观设计的模仿，那么该外观设计就得不到外观设计权的保护。因此，日本《外观设计法》第 2 条规定："外观设计是指能够引起视觉上美感的物品（含物品的构成部分）的形状、图案、色彩或者其结合"。其中括号中强调的"物品的构成部分"即指部分外观设计，意味着在对产品某一部分的形状等进行了独创性较高且具有特征的创作时，该部分将作为外观设计而受到保护。

日本《外观设计法》第3条规定，产品整体外观设计提出申请后，不得再就该产品的某个部分提出部分外观设计申请。但是，如果由同一个人提出注册，即便后申请的部分外观设计和先申请的整体外观设计的一部分相同或者类似，只要先申请的整体外观设计没有公开，在后的部分外观设计仍然被允许注册。

在日本常见的部分外观设计有照相机的握持部分、帽子的帽檐、衣服上的图案、包装瓶的侧面、手机的通电界面等。

【特色制度分析】

当前市场竞争日趋激烈的情况下，消费者的需求水平也越来越高，针对某类产品的外观设计更加成熟，进而外观设计会更加趋向产品的局部发展，部分外观设计的保护为日益发达的设计行业提供更加有利的保障和促进作用。对于传统的和一些比较成熟的产品或者设计空间较小的产品，改进已有外观设计的余地较小，因此该类产品往往在外观设计方面对产品局部进行创新。在实践中，常常有模仿者故意避免对产品整体外观设计进行模仿，而只模仿其独创部分，从而逃避侵权指控，部分外观设计保护制度对部分外观设计在专利权的获取、确认以及权利范围的确定、相关侵权判断方面均更加有利。

1.2.2 成套产品外观设计申请制度

日本实行与中国名称类似的成套产品外观设计申请制度，日本成套产品定义：构成同时使用的两个以上且符合经济产业省令规定的物品（以下称"成套物品"）所涉及的外观设计，作为成套物品统一的整体时，可以作为一项外观设计提出申请并予以外观设计注册。日本的成套产品申请与中国有本质区别，中国的成套外观设计申请是"合案申请"，日本的成套产品外观设计申请则属于"一设计一申请"。与中国成套产品的权利效力不同，日本的成套产品中的每一件产品不能单独主张权利，也不能被部分无效。

日本《外观设计法》还规定，符合成套申请的物品一旦提出申请，不能提出分案申请。产品的部分设计不允许申请成套产品外观设计的保护。

在成套产品的认定上，日本也与中国的做法不同，并非是限定数个条件，而是明确限定为56类产品。例如，图1.1-15包含了表1.1-2所示第18类成套产品中的调味料容器组合物。

表1.1-2　日本成套物品表第18类

18	一组装调味容器组件	撒食盐容器 撒胡椒容器	由任意一栏的构成物品组合而成的组合物
		盛酱油器具 盛调味汁器具	

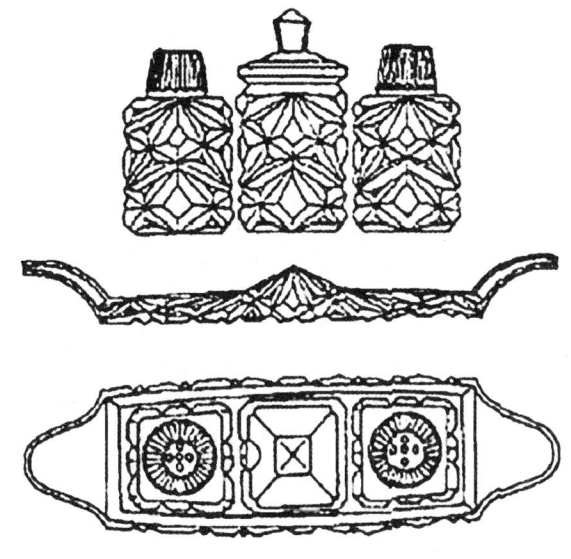

图1.1-15　成套产品示

图1.1-16所示的床上用品套件，包括床单、被套、枕套、抱枕套等床上用品，在中国属于典型的成套产品，但其在日本不能视为一件外观设计。因为其不属于《外观设计法实施细则》附表2所列的成套物品中的任意一项，因此也不能认定其为成套外观设计。

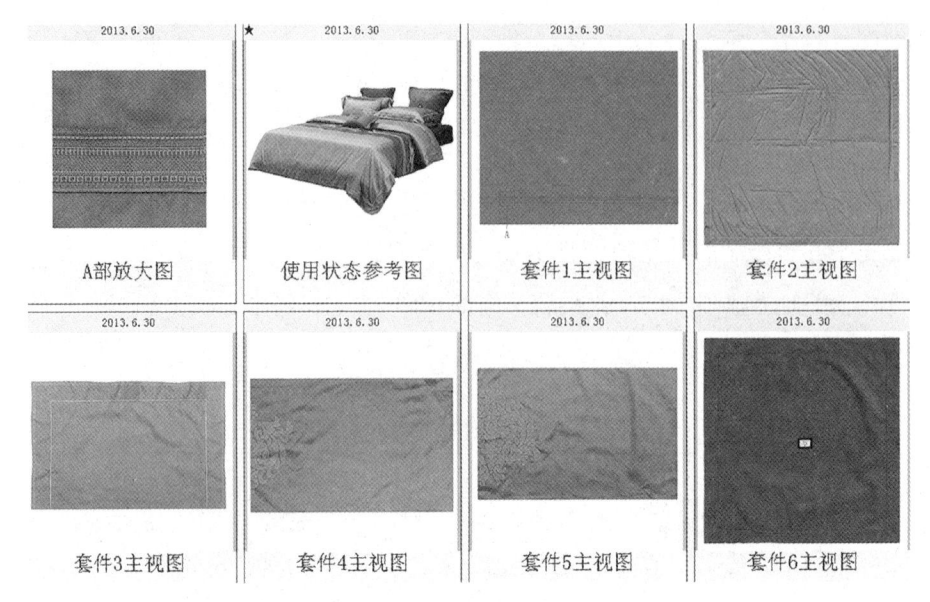

图 1.1-16 床上用品套件申请

【特色制度分析】

日本的成套外观设计与中国的成套产品明显不同，日本的成套产品外观设计的价值在于组合形成的整体的视觉效果，属于一项外观设计，主张权利也以整体作为权利对象，不能单独主张权利，也不能部分被无效。

1.2.3 关联外观设计申请制度

1. 关联外观设计的基本内容

日本关联外观设计是其独有的特色制度，是在原有的类似外观设计制度上发展而来的。日本外观设计法规定，与主外观设计相似的其他外观设计的申请可以作为该主外观设计申请的关联申请，涉及的是分别提交的申请间的关系。

日本对于关联外观设计申请的数量没有限制，关联外观设计权保护期的起点是以基本外观设计的申请日为准，所有关联的外观设计都是自基本外观设计申请日起20年终止。关联外观设计和基本设计分别具有独立保护范围，但必须共同许可、共同转让，不能只将其中一项关联外观设计许可或转让。关联外观设计的登记申请日应当在基本外观设计的登记申请日以后并且在基本外观设计的授权公告之前。关联外观设计申请的要件包括：

1）同一申请人，但在实际审查过程中保证注册审定时为同一申请人即可（也就是说，如果注册审定时为同一申请人，则可以作为关联外观设计进行注册审定。因此，即使申请注册时的申请人不是同一人，但可以和同日申请的其他人进行协商，并通过变更的方式将申请人变更为同一人）；

2）关联设计申请日在本外观设计申请日之后到公告日之前；

3）与基本外观设计类似；

4）基本外观设计的外观设计权设定了专用实施权时，其关联外观设计，不能获得外观设计登记。

关联申请中的主外观设计与关联外观设计均为独立的外观设计，各自具有独立的外观设计注册号，并且在主外观设计和关联外观设计中，分别注有其对应的关联外观设计和主外观设计的注册号；对于不符合单一性的相近似外观设计可以分案作为关联申请。

关联外观设计的申请在数量上没有限制，但必须与主外观设计相近似，与主外观设计相同或者不相近似的外观设计均不可作为关联外观设计，且仅与关联外观设计相近似的外观设计不能被授权；关联外观设计的格式要求与主外观设计相同。

2. 关联外观设计的权利的效力

1）关联外观设计专利权的保护期限为其主外观设计专利权的注册之日起20年；

2）主外观设计与关联外观设计的保护范围是互有重叠的各自独立权利；

3）主外观设计与关联外观设计均为独立的外观设计，在无效宣告请求程序中每个外观设计均可能被单独宣告无效，但不能以某个被指定的关联外观设计与主外观设计不相近似为由宣告该关联外观设计专利权无效；

4）主外观设计专利权及其关联外观设计专利权必须同时转让和同时同

一人独占实施，即使主外观设计专利权已不存在的情况下，其所有的关联外观设计专利权仍必须同时转让和同时同一人独占实施。

【特色制度分析】

基于同一设计构思且相似的多项外观设计均具有独立的价值，如果保护范围仅局限于基本设计，则与其相似的外观设计就得不到有效的保护，关联外观设计制度涉及的是分别提交的申请间的关系，与主外观设计相似的其他外观设计的申请可以作为该主外观设计申请的关联申请。

在一定时间段内先后开发的同系列产品，往往在保持原有产品外观设计风格和特点（行业内也称"带有企业 DNA 的设计"）的前提下，增加新的设计内容或改变局部设计，在保持整体风格一致的前提下，适应不断变化的市场需求。上述开发过程往往延续几年。中国目前的相似设计的申请制度要求在申请时就将所有相似的设计方案申请日一同提交申请，这对于系列产品后续进行改良设计，或改款设计保护不便，甚至会出现互相冲突的问题，而关联外观设计保护制度则可以实现一个系列中每项设计完成后即可进行申请，从而更好地实现带有企业 DNA 的系列设计的创新保护。

1.2.4 重新确定申请日制度

日本外观设计申请可以重新确定申请日。

日本《外观设计法》第 9 条规定，如果对申请书的记载或申请书附带的视图、照片、模型、样品所作出的修改变更了要旨，并且这种修改可以得到认可，那么该外观设计的补正日即为申请日。

【特色制度分析】

这一制度避免因变更要旨造成了修改超范围的问题而被驳回，申请人只能再择日重新申请，使得申请人不必花费时日提交新的申请，很大程度上节约了申请人的时间和行政审查资源。

1.2.5 保密外观设计申请制度

一些大型企业在产品设计时就申请了外观设计，但是不希望该设计过早地为公众所知，为了对这类外观设计申请给予更加有效的保护，日本早在1909年就开始实行保密外观设计制度。日本的保密外观设计申请制度是，外观设计登记申请人可指定自外观设计权登记之日起3年，请求在该期间内对其外观设计保密。

通过保密外观设计制度，可以保证外观设计的公开与企业产品的公开同步进行。同时，企业还可以根据自身的发展情况，缩短或延长保密外观设计的保密期限。

根据日本《外观设计法》第14条的规定，可以在提交外观设计登记申请时或者在缴纳第一年登记费时提出保密申请。申请人或者外观设计权人需要在提交给特许厅的书面文件中写明请求保密的期间，该保密期间可以应申请人或者外观设计权人的请求延长或者缩短，但不能超过3年的最长期限。请求保密的需要缴纳相关费用。

对于保密申请，在授权公告时不会公告外观设计的图片、照片、模型或者样品的内容。保密期届满之后，将在外观设计公报上及时公告请求书及请求书所附的图片、照片、模型或者样品的内容。保密外观设计的文件、模型或者样品在保密期间一般不得进行查阅或者复制。但在已得到外观设计权人的许可、诉讼的当事人或者参加人提出请求的、法院提出请求的等情形下，请求者缴纳规定的手续费后即可查阅或者复制。

由于尚未公开外观设计的内容，因此保密外观设计在其保密期间权利是受到限制的。对于保密外观设计，在有侵害外观设计权或者专用实施权的行为发生或者有侵害可能的情况下，保密外观设计的外观设计权人或者专用实施权人不能直接请求停止侵权或者请求预防侵权的发生，只有向对方出示经特许厅长官证明的记载全部公告内容的书面文件并提出警告之后，才能提出停止侵害请求。

【特色制度分析】

日本的保密外观设计申请制度可以对于暂时未有产品投放市场计划的申请人来说，利用保密外观设计申请制度，可以在尽早获得外观设计专利权的同时又对产品信息保密，避免产品还未上市即被仿冒，为权利人争取了充足的营销策划时间。

1.2.6 转换申请制度

转换申请制度是指允许申请人将发明专利申请或者实用新型申请转换为外观设计申请，并且保留原申请日。这使申请人的利益不因自己的错误选择而受到损害，使不能满足发明或者实用新型授权条件的申请在不影响申请日的前提下获得外观设计保护。

依据日本《外观设计法》相关规定，转换申请类型应当满足以下要件：

1）发明专利申请转换须在驳回原发明专利申请的最初的审查决定副本送达后 3 个月内进行；原申请的最初说明书以及附图中须详细记载相关信息，以便确认变更后新外观设计申请的外观设计；

2）转换后的新外观设计申请的申请人必须与原申请人一致；

3）转换后的外观设计申请的外观设计必须与原申请的最初说明书以及附图中记载的外观设计一致。

转换为外观设计申请后，原发明专利申请或者实用新型申请被视为撤回。

【特色制度分析】

申请类型的可转换性使得申请人不会因自己错误选择专利保护类型而受到损失，虽然无法获得发明或者实用新型专利权，但在保留原申请日的条件下可以转换为外观设计申请。

1.2.7 优先审查（加快审查）

日本的优先审查制度也可以称作加快审查制度，这一制度的实施有效解决了实质审查周期过长，影响流行产品的专利权保护的问题。优先审查只存在于操作层面，外观设计法中并无相应的规定，但日本特许厅规定了满足优先审查的条件：

1）设计出现大量假冒（1997 年加入的）；

2）第三方要求设计人进行专利许可；

3）同时在国外提出申请；

4）出现地震等重大自然灾害的区域。

优先审查理由不符合规定的，只能根据原先的审查程序审查。优先审查不需要多缴费。

优先审查一般在三个半月内完成。如果出现假冒，可以更为优先地进行审查，一般在一个月内完成审查。

【特色制度分析】

优先审查制度是对申请人很有益的一种制度，可以极大地促进外观设计知识产权成果的运用和保护，能够充分满足申请者的要求，使发明创造快速而及时地得到保护，不仅能够大大调动设计者进行科研创新的积极性，而且能够使设计者及其所属企业均能尽早从设计专利中获得利益。这项制度也为日本企业参与国际化竞争提供了帮助，使其能够更快地获得权利，从而尽早实施其设计。

第二章
东盟代表国家外观制度——韩国

2.1 保护客体

2.1.1 可专利性条件

韩国《外观设计保护法》规定：外观设计是指产生视觉美感印象的产品的形状、图案、色彩或其结合；除适用本法第12条之外，同样适用于产品的一部分以及字体。

从外观设计的定义看，符合可专利性的要求包含四个要素：产品性、三设计要素、视觉性和美感。

具体来说，产品性是指外观设计应当是一个有形的、可移动的、独立的具体产品。一般不包括不动产，但可批量生产、可搬运的不动产，例如活动房屋属于外观设计定义中的产品。

三设计要素是指，产品的特定形状、图案、色彩或者其结合。

视觉性是指，外观设计要通过肉眼可以识别，借助放大镜、显微镜等工具才可见的外观设计不满足该要求。

审美性指的是外观设计要能够产生视觉上的美感，不能是丑陋的。

2.1.2 客体范围

1. 部分外观设计

（1）部分外观设计的界定

部分外观设计是为了保护具有独创特征的物品的部分，并且防止盗用部分外观设计而引起权利之间的纠纷。

从韩国《外观设计保护法》定义可以看出，部分外观设计是对产品的形状、构造、色彩或及其组合的外观设计的一部分。

界定属于部分外观设计还是整体外观设计，需要通过申请文件中的产品附图及外观设计说明记载的信息来判断。如图1.2-1所示，通常情况下，要保护的部分用实线表示，其他部分用虚线表示。

（2）部分外观设计的授权条件

部分外观设计除需满足基本的授权条件，还有一些特殊要求。

1）申请部分外观设计时，必须在申请要求的实质审查外观设计请求书或无审查外观设计请求书中明确注明。

2）申请部分外观设计的，载体必须是独立的产品，该部分外观设计本身必须为产品的一部分，能够与其他设计存在对比对象，且在申请中必须明显区别出想要申请的部分。

3）成套产品不能成为部分外观设计的申请对象，部分外观设计不允许分案申请。

4）产品的名称必须是申请外观设计的整个产品名称，不能是部分外观设计本身的名称。

（3）部分外观设计的视图表现形式

1）使用实虚线表示要求保护的部分和其他部分，并在外观设计说明中，

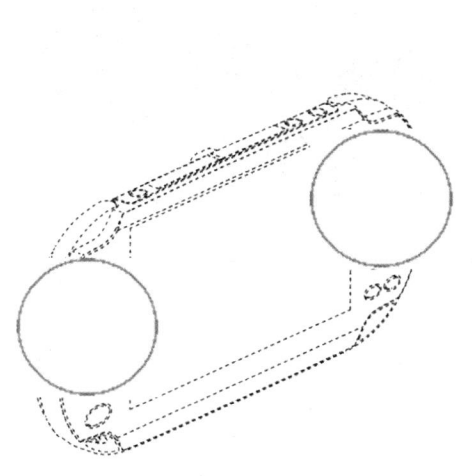

图1.2-1 手持信息终端设备部分外观设计 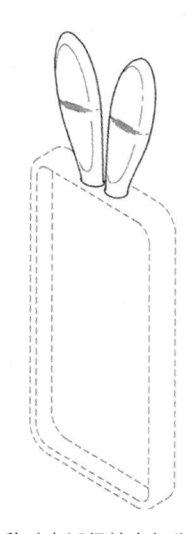　　图1.2-2 移动电话保护壳部分外观设计

对想要授权的部分在附图、照片或样品中加以说明。

如图1.2-2所示,移动电话保护壳,要求保护的部分用实线表示,而长方体壳体部分属于现有设计,则用虚线加以表示。

2)用实虚渲染的方式表示要求保护的部分和其他部分。虚化不要求保护的设计,将要保护的部分突出显示,其余是不要求保护的部分。

图1.2-3 汽车部分外观设计

如图1.2-3所示,汽车的前脸部分是其保护的部分,其他部分为不需要保护的部分,就可以将要求保护的部分突出显示,而将其他部分进行虚化处理。

3)用模糊的背景来突出显示将要求保护的部分,其余部分则用模糊背景表示。

如图1.2-4所示的炖锅,主要要求保护的内容仅仅是锅柄部分,那么就可以将锅柄突出出来,以显示这部分是要求保护的部分,锅身则不是要求保护的部分,用模糊背景表示即可。

图1.2-4 炖锅部分外观设计

2. 图形用户界面设计

韩国《外观设计审查基准》规定,图形用户界面设计所包含的内容及所保护的范围是指"显现于物品的液晶化表面等显示器的图形设计",韩国的图形用户界面设计保护很宽泛,包括专用界面、软件界面、图标字型、符号、网页、屏幕保护、指示标记等，具有较高的用户友好性。但是与主页链接的多个网页不可以在一件外观设计中一起提出。

韩国图形用户界面设计必须要能实施于实际物品上，可提出申请的物品包括：电视、手机、平板电脑等所有具有显示部位的产品。若申请部分外观设计，即使申请人要求无审查注册，审查员仍要审查其新颖性等实质性内容。多个图标构成的图形用户界面设计可以作为一件外观设计申请，但其形状和功能应该具有一致性。韩国的图形用户界面外观设计也可提交视频文件。

韩国图形用户界面设计除应具备外观设计的一般性条件，还有如下要求：

1）如果仅对显示屏所显示的图形用户界面设计进行保护，则需按部分外观设计提出，可以仅提交产品的正面视图。

图 1.2-5 相机画面显示的界面设计

如图 1.2-5 所示，相机的图形用户界面设计可以仅显示该部分，其他不予保护的部分用虚线表示。

2）如果对包括图形用户界面设计在内的整体外观设计产品进行保护，则需按全部外观设计提出申请。

如图 1.2-6 所示，想要保护相机本身，也要保护相机中的图形用户界面设计，那就应当作为整体来申请。

图 1.2-6　带图形用户界面的相机

3）如果图形用户界面具有动态变化，必须提交静止状态的界面和初始界面，并提交标示出体现动作内容以及运动轨迹的参考图，还要在外观设计的说明栏中注明变化的趋势，并详细说明动态内容；动态界面本身或其位置发生变化时，需认可"界面设计的关联性"且具有"一定的变化趋势"才能注册登记。

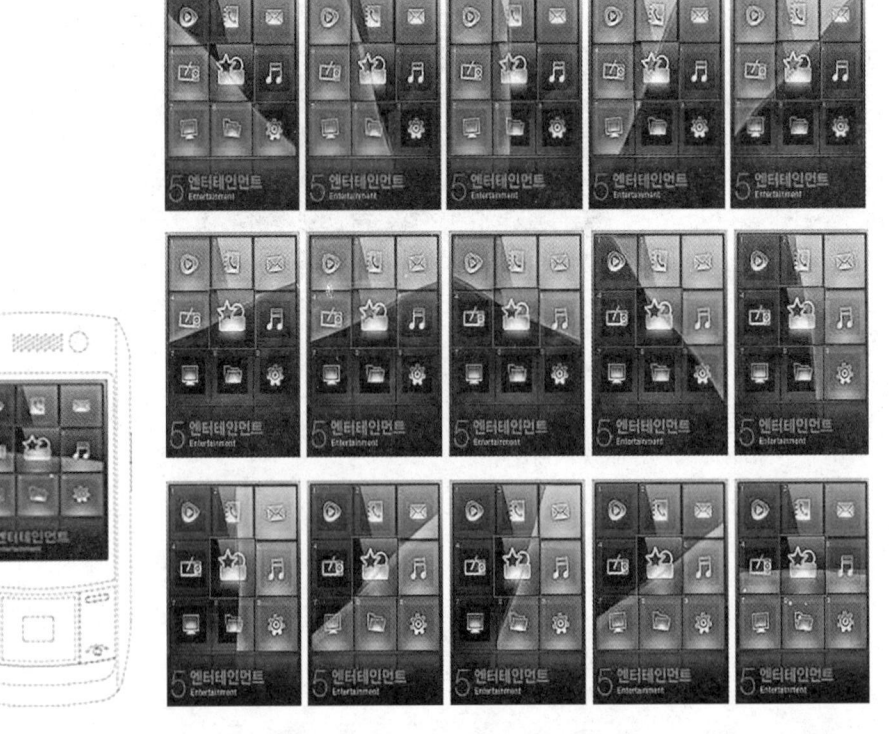

图 1.2-7 手机的图形用户界面（KR30-2007-0038672）

图 1.2-7 是手机的动态图形用户界面，申请时应当表示出初始的基本界面视图以及体现动作内容的界面设计。

3. 字体设计

韩国《外观设计保护法》对打字机字体进行设计保护，新字体创作者对该字体享有独占权，未经创作者许可，他人不得使用。而第 44 条第（2）条对字体外观设计权进行了限制性规定，字体作为外观设计权注册的，外观设计权的效力不延及在打字、排版、印刷等一般方法中使用字体以及在打字、排版、印刷等一般方法中使用字体所产生的结果。

从以上规定可以看出，成为受《外观设计保护法》保护的字体必须满足三个要件：为记录、标识或者印刷而使用、具有共同的形态特征、整套的字体（包括数字、标点以及记号等形态）。韩国目前对字体的保护是有限度的，即仍强调其载体的物品性。韩国要求申请保护的字体设计是通过拼音字显示，涵盖所有字母、显示所有拼音。

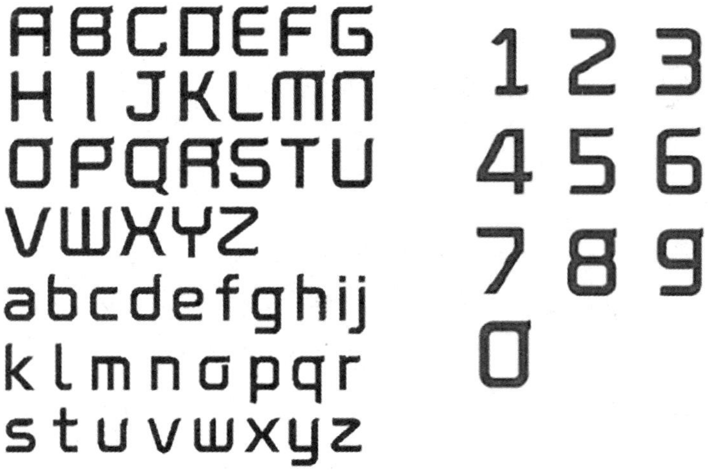

（a）英文字体（2009 年设计注册专利第 30239 号）　（b）数字字体（设计注册第 567810 号）

图 1.2-8　韩国字体外观设计

2.1.3 不授权情形

除新颖性和创造性的要求之外，申请注册的外观设计，必须适于工业应用。此外，韩国《外观设计保护法》中对使用韩国国旗等、违反道德、与他人业务产生混淆的设计以及功能限定的设计进行了排除。

韩国《外观设计保护法》第 6 条中规定下列设计不给予外观设计注册：

1）与韩国国旗、国徽、军旗、勋章、徽章、公共机构的奖章和纪念章、外国的国旗国徽、国际组织的文字或标志相同或近似的外观设计；

2）其含义或内容可能违反公共秩序或道德的外观设计；

3）可能与他人业务相关的产品产生混淆的外观设计；

4）仅由实质上是为实现产品功能的形状组成的外观设计。

对于韩国外观专利排除的不授权情形进行具体分析如下：

1）申请注册的外观设计，必须适于工业应用。工业可应用性是授权的实质条件，工业可应用性是指根据工业的生产方法，可批量生产相同产品。

2）违反公共秩序或道德的设计。申请人意欲申请的外观设计产品，其含义或内容是否违反公共秩序或道德，具体判断标准如下：

①违背伦理、正义或违反国民感情的；

②对特定国家或其国民构成侮辱的；

③带有低俗、厌恶、淫秽色彩的；

④国家元首的肖像或者与其有关的。

将人体、尸体、骸骨等表现得过分真实或故意损坏他人人格或名誉很明显的，可以认定违反公序良俗而驳回注册。但善良风俗或对公共秩序的观念不是固定的，它随着时代与环境而改变。所以对个别和具体的案件是否可以获得注册，要通过审查、审判或者诉讼决定。

3）功能限定的设计。根据韩国《外观设计保护法》第 6 条第（4）项的规定，仅由实质上是为实现物品功能的形状组成的外观设计不能获得外观设计的注册。外观设计要求具有能够引起美感的审美性，对于仅满足功能限定的产品外观设计，在韩国不给予外观设计的注册。

上述规定中所称的"物品功能"是指为实现技术限定的功能，不能予以注册的设计为以下情形：纯功能限定产品的外观设计及标准件的外观设计。

4）与他人业务产生混淆的设计以及功能限定的设计、包含著名标志、卡通形象等的设计。与他人业务相关的产品产生混淆，比如申请人意欲申请的外观设计产品是与国际机构等的文字或标识相同或类似的外观设计，则不能获得注册。产品的整体形状本身与国际机构等文字或标识相同或类似的不能注册是毫无疑问的；而在外观表现的图案本身相同或类似的，也不能获得注册；表现在产品的一部分中也不能获得注册。

由于使用著名的标志和卡通形象等的外观设计，容易与标志和卡通形象的所有人的产品产生混淆，故而应当属于不予注册的外观设计。

此外，根据韩国《外观设计保护法》第45条的规定，若实施一项外观设计权将使用他人在先申请获得注册的注册商标、他人在先已生效的著作权，或者一项外观设计权与上述权利相冲突的，未经上述权利的权利人的同意，外观设计权的权利人或其独占或非独占被许可人不得商业或工业实施其注册外观设计或近似外观设计。其中涉及注册商标权，根据其《外观设计法》第70条的规定获得必要范围内的非独占许可的除外。由此，涉及注册商标权和著作权的著名标志、卡通形象等，即使在外观设计的注册阶段获得注册，其在实施上亦存在限制。

如图1.2-9所示的奥运五环标志，若外观设计申请产品中存在与国际机构等的文字或标识相同或类似的外观设计不能获得注册。

图1.2-9 奥运五环标志

2.2 特色制度

2.2.1 双轨审查制度

韩国特许厅按照申请的类型采用不同的审查方式——实质审查和无审查，如表 1.2-1 所示。

1. 实质审查

韩国也对外观设计申请按领域实行实质审查，审查周期相对较长。

在实质审查过程中，审查员一般不会对视图存在的形式缺陷发出通知书，即使是存在视图不对应的缺陷，也会按照错误的视图授权。在后续程序中都会采用善意推断的原则，一般不会因视图缺陷产生纠纷。

对于采用实质审查的外观设计申请，韩国提供申请公开的制度，使得外观设计能够得到临时保护。韩国特许厅对外观设计申请进行形式审查后，根据申请人的要求，以外观设计专利公报的形式将外观设计申请的内容公布于众。申请公开后，申请人可以对实施与其外观设计相同内容的人提出警告，并可在授权之后索要适当的使用费。申请公开还有助于该申请的实质审查，即任何人都可以对该外观设计申请提出驳回理由及证据。

2. 无审查

无审查是韩国独有的特色审查模式，于 1998 年 3 月 1 日韩国修改《外观设计保护法》时被提出，其规定审查员仅进行形式审查及是否扰乱公共秩序或公德的审查。申请人缴纳注册登记费后，于"无审查系统下的外观设计注册发布"公报上公开。审查周期一般从申请到授权仅需 2~3 个月。

外观设计无审查申请的对象是寿命周期较短的产品，韩国于 2014 年 7 月 1 日加入《海牙协定》后，对无审查模式的申请类别进行限定，包括洛加诺协定分类中的以下几类产品。

02 大类：服装、服饰用品和纺织用品；

05 大类：纺织品、人造或天然材料片材；

19大类：文具、办公用品、美术用品和教学用品。

因为"无审查"的审查模式下，审查员仅对部分授权要件进行审查，因此其权利存在不稳定的因素，可能会造成权利人滥用权利，因此韩国采用异议制度，任何人都可以在登记公告之日起3个月内对其专利权提起异议申请。若异议申请的对象是复数外观设计专利权，可以就每一个外观设计提出异议申请。

表1.2-1 双轨审查制度的对比

	审查登记申请	无审查登记申请
审查期限	需要较长的时间（6~7个月）	需要较短的时间（2~3个月）
权利的稳定性	比较稳定	比较不稳定
复数外观设计	不可以	可以（同一大类中的100项）
保密外观设计	可以	可以
关联外观设计	可以	可以
异议申请制度	不可以	可以
权利存续期限	申请日起20年	申请日起20年

2.2.2 重新确定申请日制度

在外观设计注册后，如果外观设计注册申请人对外观设计说明、图片、图片的说明、申请所附的照片或样品作出了改变申请要点的修改；或将关联外观设计注册申请转换为单独外观设计注册申请，将单独外观设计注册申请转换为关联外观设计注册申请；或将无审查外观设计的注册申请转换为实质审查外观设计注册申请，将实质审查外观设计的注册申请转换为无审查外观设计注册申请，且上述修改被认为是改变了原始外观设计注册申请要点的，则提交修改之日被视为外观设计注册的申请日。

改变原始外观设计注册申请要点，即在原始设计文件和补正文件之间，通过考虑提交的设计所适用的产品、视图、视图的说明等之间的指示，不存在同一性。换句话说，即判断补正外观设计与首次申请的外观设计是否具有同一性是判断外观设计是否改变原始外观设计注册申请要点的原则。

2.2.3 保密外观设计申请制度

在外观设计注册申请日至缴纳外观设计注册费期间提交申请，保密期限为3年，自注册日起算。对于复数外观设计申请，保密请求应当具体到每一项需要保密的注册外观设计。外观设计申请人或专利权人还可以请求缩短或延长其指定的保密期限。

保密外观设计制度充分考虑了申请人或申请企业的营销战略及特殊情况，防止他人伪造销售并确保企业对产品上市的准备期间内，对外观设计进行保密的制度，该制度为有该需求的申请人提供极大便利。

2.2.4 转换申请制度

对于同一申请人的外观设计申请，申请人可以在单独外观设计申请和关联外观设计申请之间、实质审查申请和无审查申请之间选择转换。

2.2.5 成套、复数及关联外观设计申请制度

1. 成套外观设计申请制度

韩国的成套产品外观设计申请制度与中国的成套产品外观设计合案申请制度有实质区别。

成套产品制度，是指两个以上的产品作为一套产品同时出售、使用且有全体统一性的情况下，允许以一件专利提出申请。成套产品必须为同时出售、同时使用的产品，并要求具有成套产品的统一性。"如图1.2-10所示，一套组合音响、一套首饰均为成套产品。"

韩国外观设计保护法所规定的成套产品，并非是限定数个条件，而是明确限定为86类产品。除规定之外的产品，即使满足成套出售或使用的条件，也不能作为成套产品登记授权。

成套产品外观设计注册的效力为一个权利，不认定部分侵权。韩国的成套产品外观设计申请也属于"一设计一申请"，成套产品中的每一件产品不能单独主张权利，也不能被部分无效。

符合成套申请的物品一旦提出申请，不允许提出分案申请。对于保护客体为产品的一部分的部分保护不允许申请成套保护。

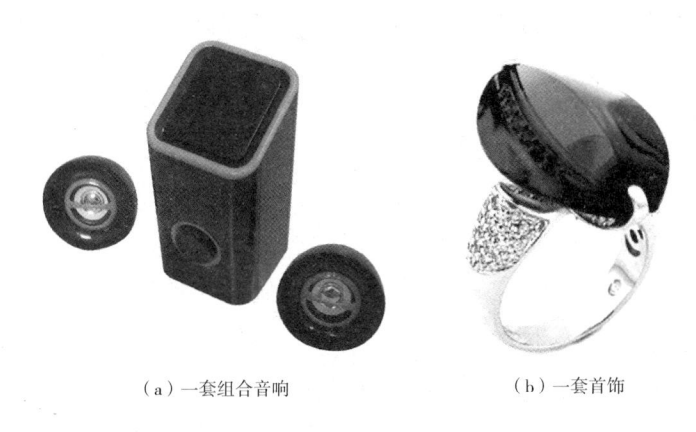

（a）一套组合音响　　　　　　（b）一套首饰

图 1.2-10　韩国成套外观设计

2. 复数外观设计申请制度

在韩国的外观设计无审查申请中，对大分类（此处大分类指韩国分类表的大分类）相同的物品，允许多项外观设计专利申请以一个外观设计专利申请的方式提出。

韩国于 2014 年 7 月 1 日加入《海牙协议》后，将复数外观设计的项数由 20 项增加到 100 项，上述改变进一步扩大了申请人的权利保护范围，为申请人申请复数外观设计提供便利。

复数外观设计申请中的各外观设计可以独立主张权利，也可以被单独提出异议。

3. 关联外观设计申请制度

韩国于 2014 年 7 月 1 日加入《海牙协议》后，引入了关联外观设计申请制度，废除了近似外观设计制度。

关联外观设计制度涉及的是分别提交的申请间的关系，与主外观设计相似的其他外观设计的申请可以作为该主外观设计申请的关联申请。关联外观设计的申请日应当在基本外观设计的申请日之后，并在基本外观设计的授权公告之前。关联设计中，主外观设计与关联外观设计的保护范围是互有重叠的各自独立状态，主外观设计与关联外观设计计均为独立的外观设计，在无效宣告请求程序中每个外观设计均可能被单独宣告无效，但不能以某个被指定的关联外观设计与主外观设计不相近似为由宣告该关联外观设计专利权无效，主外观设计专利权及其关联外观设计专利权必须同时转让和同时同一人独占实施，即使主外观设计专利权已不存在的情况下，其所有的关联外观设计专利权仍必须同时转让和同时同一人独占实施。

"韩国成套、复数及关联外观设计申请制度均为申请人合案申请提供便利，但具体规定不同，如表1.2-2所示，三个制度的申请性质、提交时机、项数限制及权利处分方面均有区别。

表1.2-2　韩国成套、复数及关联外观申请对比

制度名称	申请性质	提交时机	项数	权利处分
关联外观设计	各自独立的申请	关联外观设计申请日在基本外观设计申请日之后到公告日之前	无限制	基本外观设计与关联外观设计均为独立的外观设计，共同许可，转让
无限制成套外观设计	一件申请	同一申请日提出	规定的成套产品类别（86类）	类似我国的组件产品，整体作为一项权利
复数外观设计	多项外观设计合案申请	同一申请日提出	100项	各外观设计可以独立主张权利，也可被单独提出异议

2.2.6 优先审查制度

尽管具有韩国特色的双轨审查制度已充分考虑了不同申请主体对审查期限的需求，但为了更好地为申请人提供服务，韩国外观设计法中还包含了优先审查制度。要求优先审查的专利申请需满足一定条件，包括：公开后被第三方利用、国防、防止污染、促进出口、国家或地方政府雇员作出的发明、新创办公司的风险商业（venture business）国家新技术开发资助项目、国家质量认证项目、申请公约优先权（Filed with Convention Priority）申请人已商用或准备商用、在线商务（On-line business）。另外，申请人还需要交纳优先审查费用（7万韩币）。

申请人提出优先审查请求后，审查员应于10日内作出是否给予优先审查的决定，并要求45日内开始进行审查。因此，自申请人提出优先审查请求开始，最短仅需2个月即可收到第一次审查通知书，如图1.2-11所示。

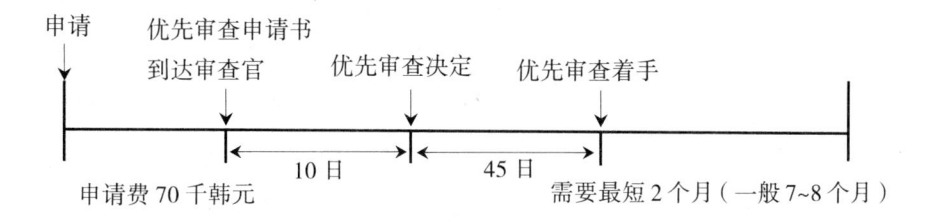

图 1.2-11 韩国优先审查处理期限

第三章
南亚代表国家外观制度——印度

3.1 保护客体

3.1.1 可专利性条件

印度对工业品外观设计以 2000 年颁布的《外观设计法》为基础进行保护。所采用的审查方式为注册实审制。

根据印度《外观设计法》第 2 条的规定，外观设计的定义为："通过任何工业方法或手段，不论是手工艺的、机械的或者是化学方式的单独使用或结合，所作出的平面或者立体或者二者的结合的，适用于产品的形状、轮廓、图案、装饰、线条、色彩的组合的设计特征。产品的这些设计特征仅作用于视觉且由视觉判断。但不得包括产品的构造样式或原理，以及实质上仅为简单的机械装置的产品。"上述法律规定中同时排除了以下客体：

1）1958 年商标以及商标法中第 2 条（1）（v）所定义的商标；

2）印度刑法 479 条所定义的财产徽章；

3）1957 年著作权法第 2 条（c）所定义的艺术作品。

其中，"产品"是指任何加工产品和物品、手工艺品、半手工艺品、半自然产品以及产品中能单独生产和销售的部分。

同时在印度《外观设计法》第 4 条还规定了禁止如下的情形获得外观设计注册：

1）并非新的（new）或者原创的（original）；

2）在申请日（有优先权的指优先权日）之前在印度或者任何一个国家以有形出版、使用、或以其他方式公开外观设计；

3）与已知设计或者已知设计的组合不具有明显的区别；

4）包含诽谤性或淫秽内容的案件。

综上所述，在印度注册的外观设计需要满足以下几点要求：

1）外观设计需要是新的或是原创的，而且不是在申请日以前在任何国家公开发表或用过的。将已知的形状或者图案应用于新的产品上，也应认为这种应用是具有新颖性的。举一个实际的例子：将印度著名的古达明那塔（Kutub Minar）的形状应用在烟斗上，同样是可以注册的。但是，如果所申请的外观设计不带有任何想法上的脑力活动成果在里面的话，也是不会被考虑注册的。

2）外观设计需要和应用在产品上的形状、构型、图案或者装饰花纹相关。因此，工业计划、电路图，以及装置设施并不能受到《外观设计法》的保护。

3）外观设计应当应用或可以应用于用任何工业方法所生产出来的产品上。通常来说，像是绘画、雕塑之类的艺术作品并不能通过工业手段而批量生产，因此不能被《外观设计法》所保护。

4）一件完成品的外观设计必须能够诉诸视觉，即可通过肉眼辨别出来。这意味着，该设计在其完成的情况下必须是肉眼可见的。因此，任何关于箱子内部的设计、钱包或者衣橱内部的构造并不能受到保护，因为以上产品在销售时惯常形态通常是关闭的状态。

5）任何操作或构造的原理，或者任何纯属机械装置范畴的设计不得被注册。例如，像钥匙的独特形状仅仅是为了配合与其配套的锁的沟槽，那么这样钥匙齿上的凹凸形状是不受印度《外观设计法》保护的。但是，当带有隐含产品构造模式、原理或者带有机械模式的运动时，可以在其视图中附上相应的免责声明，告知设计中有其他可以符合注册条件的设计特征。

同时，所注册的外观设计不包括商标、财产标记或者著作权所保护的艺术作品。

3.1.2 不授权情形

概括来说，不可注册的外观设计主要包括：

1）书籍、外套、日历、证书、表格以及其他文件、制衣图案、贺卡、广告传单、地图以及计划卡片、明信片、邮票、奖章，如图 1.3-1 所示；

2）标签、符号、卡片、卡通漫画；

3）产品的原理以及构造；

4）房屋建筑物，如图 1.3-2 所示；

5）产品不可单独制造以及出售的部分；

6）产品的非常规使用形态；

7）仅仅是装配部件的一个替换零件；

8）仅仅改变产品的尺寸；

9）旗帜、徽章或国家标识，如图 1.3-3、图 1.3-4 所示；

10）集成电路布图设计。

图 1.3-1 邮票设计不得注册

图 1.3-2 建筑物设计不得注册

图 1.3-3 徽章不得注册

图 1.3-4 旗帜设计不得注册

符号、标志、卡片等不能被注册为外观设计进行保护，是因为如果设计一旦从上述产品上移除，那就仅剩下一张纸、一片金属或其他类似的物质，而上述产品本身也不复存在了。产品必须独立于应用于其上的设计而存在（产品在脱离应用其上的设计后，还应该有独立的存在实体，源于Punjab高等法院1963年No.9-D民事案件的判决的命令）。所以，应用与产品的设计必须与产品成为一个整体。

此外对于违反公共秩序和道德以及印度安全的外观设计也不得通过注册。"印度安全"的表述是指当产品用于战争或者直接或者间接为了军事设施、战争或者应付其他国际关系的紧急事件时，为了印度的安全所采取的与根据本法对该产品外观设计的注册申请相关的一切必要行动。

3.1.3 外观设计与著作权的关系

根据印度《外观设计法》中对"外观设计"的定义，《著作权法》所规定的艺术作品并不能作为外观设计注册。同时依照2000年《外观设计法》所注册的外观设计并不能享有在其之上应用的绘画摄影作品等的著作权。同时，印度《著作权法》规定，对于可以注册外观设计但并没有注册的设计，其著作权权利人或者经权利人的许可，将上述设计应用到产品上复制超过50次后，该著作权即被视为丧失。

3.2 特色制度

1. 不丧失新颖性宽限期

印度对于外观设计不丧失新颖性宽限期的期限期是6个月。

根据印度《外观设计法》的规定，在外观设计涉及产品首次展出或者描述外观设计的文章发表之后6个月内提出的注册申请，不会因缺乏新颖性而禁止注册。

申请人要求享有不丧失新颖性宽限期的,需要展示者在相关外观设计公开前向政府报备。同时,相关外观设计申请必须在公开日起6个月提出。

2. 成套产品的外观设计申请制度

"成套"是指有共同一般特征的数个产品,通常同时出售或倾向于同时使用,具有相同的设计构思,没有差异或其差异不足以改变其特征也不足以影响其一致性。例如:茶具、寝具、文具等如图1.3-5、图1.3-6所示)。成套获得一项权利,而无效主张权利时也作为整体存在,不能单独无效也不能单独主张权利。而无效主张权利时也应作为整体存在,不能单独无效也不能单独主张权利。

图1.3-5 注册号为266637e的卫浴套件

3. 优先权

印度外观设计注册申请包括国内的普通申请以及国外的互惠申请两种。互惠申请即为要求国外优先权的申请。

作为《巴黎公约》成员国之一,申请人可根据公约规定在印度要求优先权。申请人可自外观设计在国外第一次提出外观设计注册申请之日起6个月内,可就相同的外观设计在印度提交申请。

根据《巴黎公约》要求优先权的，需要在申请时提交优先权证明文件。但是，关于优先权证明文件的提交期限，可在申请时提交延长请求，并获得3个月的延长期。要求优先权的情况下，在印度提出申请的申请人与在先申请的申请人不同时，需要提交优先权转让证明等文件，证明在后申请人有权要求优先权。

印度《外观设计法》中同时规定，对于优先权日到申请日之间发生在印度的侵权行为，申请的在先权利人无法要求侵权赔偿。

图 1.3-6 注册号为 270856 的首饰套件

第四章
北非地区外观制度
——非洲地区工业产权组织

4.1 非洲地区工业产权组织的基本情况

4.1.1 非洲地区工业产权组织简介

非洲地区工业产权组织（African Regional Industrial Property Organization，简称ARIPO）创立于1976年12月9日。该组织是非洲地区英语国家工业产权保护区域性组织，现有成员国15个国家，总面积为700万平方千米，人口约2亿人。

4.1.2 ARIPO的创立和发展

1.ARIPO的创立

ARIPO的历史应当追溯到20世纪70年代初期非洲英语国家在内罗毕召开的关于专利和版权的地区研讨会，该研讨会建议成立一个地区性的工业财产组织。1973年，联合国非洲经济委员会（UNECA）和世界知识产权组织（WIPO）对这些非洲英语国家提出的请求作出回应，支持他们对工业产权领域的资源予以整合。经在ECA总部Addis Ababa和WIPO总部日内瓦的一系列会议后，形成了《创建非洲英语国家工业产权组织的协议》草案（ESARIPO）。该协议，被称为《卢萨卡协议》，于1976年12月9日在赞比亚卢萨卡召开的外交大会上通过。1985年12月，卢萨卡协议进行了修订，以使该组织的成员资格面向所有的UNECA或非洲统一组织（OAU）成员国，并将其名称改为非洲地区工业区产权组织（ARIPO），以反映新的泛非洲的状况。

2.ARIPO 创立的目的与目标

ARIPO 成立的主要目的在于整合成员国在工业产权方面的资源,以避免人力和财力资源的重复。因此,《卢萨卡协议》的前言中明确声明,成员国意识到有效和持续的信息交换以及在工业产权法律和活动方面的协调和协作中获得的益处。成员国同时认识到创建非洲地区工业产权组织以在工业产权方面进行研究、提高和合作将最好地实现这一目的。

在确定其目标的时候,该组织的奠基者考虑到了多数相关国家有"独立的工业产权立法"但没有设立自主的授权或者注册机构,而只能将在外国获得的工业产权(许多情况下是英国)的效力扩展到这些国家的领土之内这一事实。该效力往往取决于外国法。自从其成立以后,该组织就确保了其成员国建立独立的工业产权制度。

该组织的目标,如《卢萨卡协议》第 3 条所声明的,工业产权领域的合作旨在为成员国经济和工业发展提供技术上的支持。这一合作应在该组织的下列目标之中:

1)促进工业产权法及相关事务的协调和发展,以满足整个地区及成员国的需要;

2)促进各成员国就工业产权相关事务建立起密切关系;

3)建立一个协作、协调及发展成员国之间工业产权活动所必需的共同服务或机构;

4)制订对工业产权行政管理机构的职员进行培训的计划;

5)主办工业产权方面的会议、研讨会和其他会议;

6)推动工业产权事务相关思想、经验和研究的交流;

7)促进并逐步形成成员国在工业产权领域方面的共同观点和做法;

8)在取得和开发与工业产权事务有关的技术方面,适当地对其成员国给予帮助;

9)进行为实现这些目标所必要的一切活动。

从 ARIPO 的上述目标中可清晰看出,贯穿它们的主线是合作。合作这一思想对该组织职能发挥了重要作用。

3.成员国的组织机构

根据《卢萨卡协议》第 4 条的规定，ARIPO 的成员资格对联合国非洲经济委员会成员国或非洲同一组织（OAU）成员国开放。目前，卢萨卡协议有 15 个缔约国，也就是 ARIPO 的成员国，它们是：博茨瓦纳、冈比亚、加纳、肯尼亚、莱索托、马拉维、莫桑比克、塞拉里昂、索马里、苏丹、斯威士兰、坦桑尼亚、乌干达、赞比亚和津巴布韦。

《卢萨卡协议》第 6 条还授权 ARIPO 与非成员国的合作。根据这一规定，ARIPO 与下列以观察员的身份出席 ARIPO 主要会议的潜在成员国进行了合作：安哥拉、埃及、厄立特里亚、埃塞俄比亚、利比里亚、毛里求斯、纳米比亚、尼日利亚、塞舌尔和南非（共 10 个）。

《卢萨卡协议》第 2 条设立了该组织的三个机构，即部长理事会、行政理事会和秘书处。

（1）部长理事会

《卢萨卡协议》第 6 条第 2 款规定了部长理事会的组成及其职能，部长理事会由该组织成员国负责管理工业产权的政府部长组成。

部长理事会是该组织的最高机构，负责制定该组织的政策导向。它同时负责解决根据其性质不能由行政理事会解决的问题。

部长理事会每两年召开一次会议。它可以将任何第 6 条第 2 款授予的权力和职能委托给行政理事会。

（2）行政理事会

根据《卢萨卡协议》第 7 条，行政理事会由技术官员组成，即由该组织成员国负责管理工业产权事务的各局负责人组成。行政理事会对部长理事会负责并报告工作。其职责包括：监督部长理事会制定的该组织的政策的执行，批准该组织的活动计划和预算，以及任命该组织的总干事。行政理事会一般情况下每年召开一次会议，通常是在 11 月的最后一周。

（3）上诉委员会

在其第21次会议上，行政理事会设立了上诉委员会，以审理对ARIPO局根据《哈拉雷议定书》和《班珠尔议定书》及在未来ARIPO框架下可能通过的其他协议作出的决定不服的申诉。

根据《哈拉雷议定书》第4条第2款，上诉委员会由在工业产权事务方面富有经验的5人组成，其中2人应是审查员。至少有1名审查员应当出席该委员会的所有会议。

尽管上诉委员会是由行政理事会任命，但上诉委员会独立于该组织的所有机构。

上诉委员会成员的任期为两年。该委员会于2000年1月1日开始履行其职责。

（4）秘书处

秘书处由作为该组织首席执行官的总干事领导。总干事由行政理事会任命。秘书处（ARIPO局）负责该组织按照预定目标确定的活动计划的实施。

（5）财政委员会

财政委员会是行政理事会于1993年11月在冈比亚的班珠尔召开的第17次会议上设立的。其职责是对财政报告、活动计划及预算进行评估，并在行政理事会考虑之前，对总干事准备的上述内容提出建议。

财政委员会由从理事会中选出的5名成员组成，任期两年。只要ARIPO的总部位于津巴布韦，津巴布韦就是该委员会的当然成员。

ARIPO通过与相关工业产权局和组织签署合作协议的方式，以加强技术合作以及文献和信息的相互交换，这就包括英国专利局、瑞典专利和注册局、巴西国家工业产权局美国专利商标局等。

4.ARIPO经费

维持ARIPO运转的经费主要有两个来源：一是成员国缴纳的年度会费二是依据《哈拉雷议定书》和《班珠尔议定书》进行注册取得的费用收入。

该组织每年的预算由行政理事会批准，就像年度会费数额一样。从

1998年开始，会费的计算是基于每一成员国相等的数额。这不同于早期根据对非洲同一组织的会费比例而计算会费比例的制度。

1984年，为了促使会费及其欠款的缴纳，WIPO在特殊情况下可以从联合国开发署（UNDP）获得特殊安排。根据该安排，成员国可以要求以当地货币返还其会费给当地的UNDP办公室，该办公室再将等额的国际流通货币转交给ARIPO（交换协议）。许多成员国利用该交换协议缴纳其每年的会费及欠款。

根据议定书实施细则，ARIPO所收到的申请费用在ARIPO和该申请指定的缔约国之间分配。成员国所得到费用用于弥补其年度会费和欠款。一些成员国已经开始从超过它们年度会费的费用分配中赚钱。ARIPO不久有望成为这些国家的收入来源。

5.对成员国的益处

ARIPO组织的成员身份给成员国带来了以下益处：

1）由于该组织成立的目的在于整合资源以避免人力和财力资源的重复，成员国享有规模经济带来的益处。这反过来解放了成员匮乏的资源使他们可以用于其国民更紧迫的需求上；

2）ARIPO地区专利体系覆盖了有1.66亿人口的650万平方千米的土地。因此，ARIPO的成员身份对其成员国打开了新的市场，改善了他们的投资环境，刺激了对技术信息尤其是专利信息的获得；

3）ARIPO地区专利体系维持了成员国的国家工业产权制度。因此，成员国的主权得以保留，但申请人在提交申请的途径和获得保护的地域方面获得了更多的选择；

4）外国申请人对当地工业产权制度的利用日益增多。

4.2 《哈拉雷议定书》

由于《卢萨卡协议》仅仅创建了该组织,但没有详尽规定其作为工业产权组织的权力和职能,因此需要签署附加的法律文件以授予该组织在工业产权领域代表成员国行使特定的职能。这些附加的法律文件包括:《ARIPO框架下的专利和外观设计议定书》(《哈拉雷议定书》)和《关于商标的班珠尔议定书》。

1.《哈拉雷议定书》的基本介绍及其发展

《哈拉雷议定书》是ARIPO框架下的专利和外观设计协定书,它属于在《卢萨卡协议》框架下签署的附加法律文件。该协定书授予了ARIPO在工业产权领域代表成员国行使权力的职能。

《哈拉雷议定书》签署的主要原因在于,对于任何非洲国家,建立和维持有效的工业产权机构所需要的人力和财力成本将是一个天文数字,成员国决定建立一个共同的机构设立专利信息和文献中心来处理专利申请和对成员国提供信息服务。因此,1982年12月,ARIPO行政理事会在津巴布韦的哈拉雷通过了《哈拉雷议定书》。该议定书授权ARIPO局代表议定书成员国受理和处理专利、外观设计和实用新型申请。

该议定书于1984年生效,目前有以下成员国作为缔约国:博茨瓦纳、冈比亚、加纳、肯尼亚、莱索托、马拉维、莫桑比克、塞拉里昂、索马里、苏丹、斯威士兰、坦桑尼亚、乌干达、卢旺达、利比里亚、纳米比亚、赞比亚和津巴布韦。

2.《哈拉雷议定书》有关外观设计的规定

根据《哈拉雷议定书》的规定,一件专利申请或外观设计注册申请只需要提交一件申请,就可以指定任何其希望对该外观设计给予保护的成员国。该议定书要求该申请在缔约国之一或者直接在ARIPO局提交。

收到专利申请后,ARIPO局确定该申请符合格式要求后给予申请日。对于外观设计注册申请,ARIPO局只进行形式审查。如果申请符合形式要求，ARIPO局就给予在所在指定国生效的注册。但是，各国保留了在6个月内通知ARIPO局该注册在相关指定国不具有效力的权利。

1999年11月，行政理事会再次通过了对《哈拉雷议定书》的修改。该修改允许选择提交申请的受理局，并对外观设计的保护期进行了规定。

3.《哈拉雷议定书》的益处

《哈拉雷议定书》对ARIPO成员国工业产权局和用户都具有十分明显的益处。

（1）对工业产权局的益处

1)《哈拉雷议定书》确保工业产权局能够处理更多的申请，从而获得比没有该议定书的情况下更多的收入；

2) 工业产权局节约了处理申请的费用，尤其是出版、授权/注册以及维护方面，因为这些事务都由ARIPO代表他们完成；

3) 审查的质量，尤其是有关专利的质量，确保了授予的权利具有强有力的有效性假定；

4) 基础设备薄弱、人力和财力资源短缺的工业产权局仍然能够提供高标准的工业产权保护。

（2）对用户的益处

1) 申请人既可以在其国家局也可以直接在ARIPO提交申请；

2) 一件申请在所有指定的成员国具有效力；

3) 申请人只使用一种语言——英语，只缴纳一种货币——美元，而且只聘请一个代理人；

4) 集中处理、授权和维持；

5) 该体系简单、成本低廉，并对用户友好。

4.3 结论

总体而言，ARIPO 地区专利体系在其存在的 20 年中已经证明，它正在实现该组织成立的目标。尽管该体系通过《哈拉雷议定书》与 PCT 相联系，并通过其成员国的国家法与《巴黎公约》相联系，但应当认识到，该地区体系尚不是最理想的制度。期望 ARIPO 地区体系成为理想的国际专利制度的铺路石。

第五章
西路地区代表外观制度——俄罗斯

5.1 保护客体

5.1.1 可专利性条件

俄罗斯和中国类似，均统一采用专利法保护外观设计创新，并未对外观设计进行单独立法。俄罗斯《专利法》规定工业品外观设计专利性的条件包括：

1）决定工业或手工业生产制品外观的艺术设计方案可作为工业品外观设计予以保护。

如果工业品外观设计依其实质特征具有新颖性和独创性，则予以法律保护。

工业品外观设计的实质特征是指决定制品外观的美学和/或人类工程学的特征，包括形状、轮廓、图案及色彩组合。

2）如果在工业品外观设计优先权日之前，表现在制品图片中的，以及列入工业品外观设计实质特征清单中的实质特征集合在世界范围内公知的资料中不是已知的，该工业品外观设计具有新颖性。

工业品外观设计新颖性的判定同样应考虑由其他人在俄罗斯联邦提出的、具有较早优先权的，且任何人有权了解的所有工业品外观设计申请，以及在俄罗斯联邦授予专利权的工业品外观设计。

3）如果工业品外观设计的实质特征由制品的创造性的特点所决定，该工业品外观设计具有独创性。

概括来说，在俄罗斯，如果一项工业品外观设计要获得法律保护，其必须具备三个基本条件：新颖性、独创性和适于工业应用。

如果一项工业品外观设计从总体上看，确定该产品的美感和/或人体功能风格的主要区别特征在该工业品外观设计的申请日或优先权日之前在世界范围内是未被知悉的，该设计就是新颖的。此外，确定一项工业品外观设计是否是新颖的需要考虑具有更早申请日或优先权日的工业品外观设计由他人在俄罗斯联邦提出的申请（如果后来未被撤回），以及在后已在俄罗斯联邦取得专利的工业品外观设计。

如果一项工业品外观设计的实质性特征证明其具有明显美感的特征是创新的，则该设计是独创的。

一件工业品外观设计如果能通过制造相应产品进行重复性的制作，就是适于工业应用的。

5.1.2 客体范围

俄罗斯《专利法》没有对外观设计客体进行严格意义上的定义，但行政法规中对于外观设计授予专利权资格的客体进行了解释：外观设计可以是立体的也可以是平面的。立体外观设计应具有三维结构，平面外观设计应具有二维结构。由此可见，俄罗斯外观设计对于产品的保护范围很广泛，外观专利对于任何工业产品或手工业产品都可以列入保护，包括包装物、标签、标志、字体、组件产品、产品的独立部分、可以组装成组合产品的单个组件、成套产品、内部装饰等。产品的独立部分是指在产品使用过程中明显具有独立功能的相关部分，如图 1.5-1 所示的汽车前脸。组装成组合产品的单个组件，是指具有独立功能及可组装的零部件，当对其进行拆装时不会破坏整体产品的完整性和影响重新组合后产品的再次使用性，例如汽车的保险杠、车灯等。

图 1.5-1　汽车前脸的外观设计专利

俄罗斯对于字体设计给予外观设计专利保护，字体设计的提交形式可以是整套字母或阿拉伯数字以及标点符号，如图 1.5-2 所示的字体外观设计。

图 1.5-2　俄罗斯字体外观设计专利

对于图形用户界面设计俄罗斯也给予保护，其保护的界面设计可以是完整的界面或者界面中的一部分，或者单个的图标设计。俄罗斯外观设计专利中允许采用虚线形式反映那些不能表达其主要的美学和/或人类工程

图 1.5-3 俄罗斯界面外观设计专利

学特征或者不要求法律保护的产品整体外形或其中某部分（零件、单元）的设计特征，即外观设计非本质特征。在界面外观设计中，如图 1.5-3 所示，允许用虚线表示界面的产品载体，或者界面中不要求保护的部分，而对于单个的图标设计，也可以不用表达出其具体的产品载体，仅用点画线绘制一个外框即可。

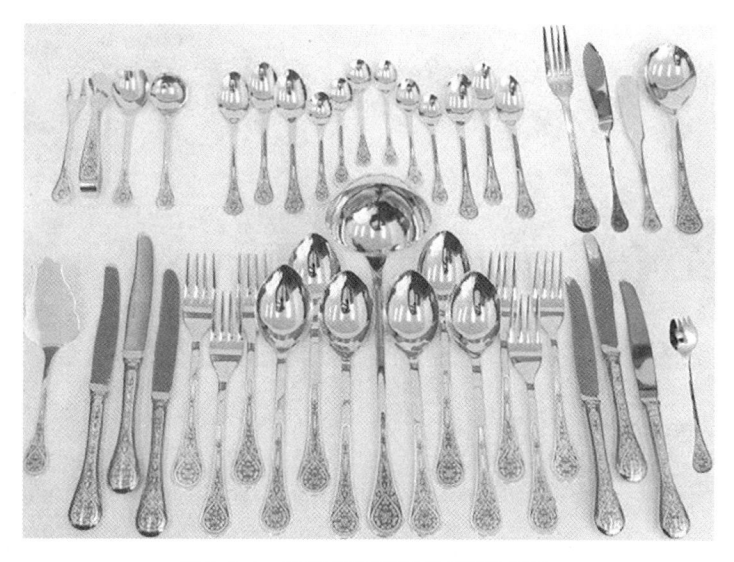

图 1.5-4 俄罗斯成套餐具外观设计专利

第一部分 外观设计专利制度简介 53

俄罗斯外观设计保护的成套产品是指一系列产品，具有相同的用途且能够成套使用，例如成套家具、成套餐具等。俄罗斯外观设计对视图的提交形式并没有严格的要求，对于成套产品可以将多个产品的视图分别单独提交，也可以多个产品摆放在一起，提交一幅视图即可，如图1.5-4中所示的成套餐具。

对于产品的内部装饰俄罗斯也明确作为外观设计保护客体给予保护，如图1.5-5所示，汽车内饰设计可以单独提出申请，也可以与整车外观设计一起提出申请。

(a)

(b)

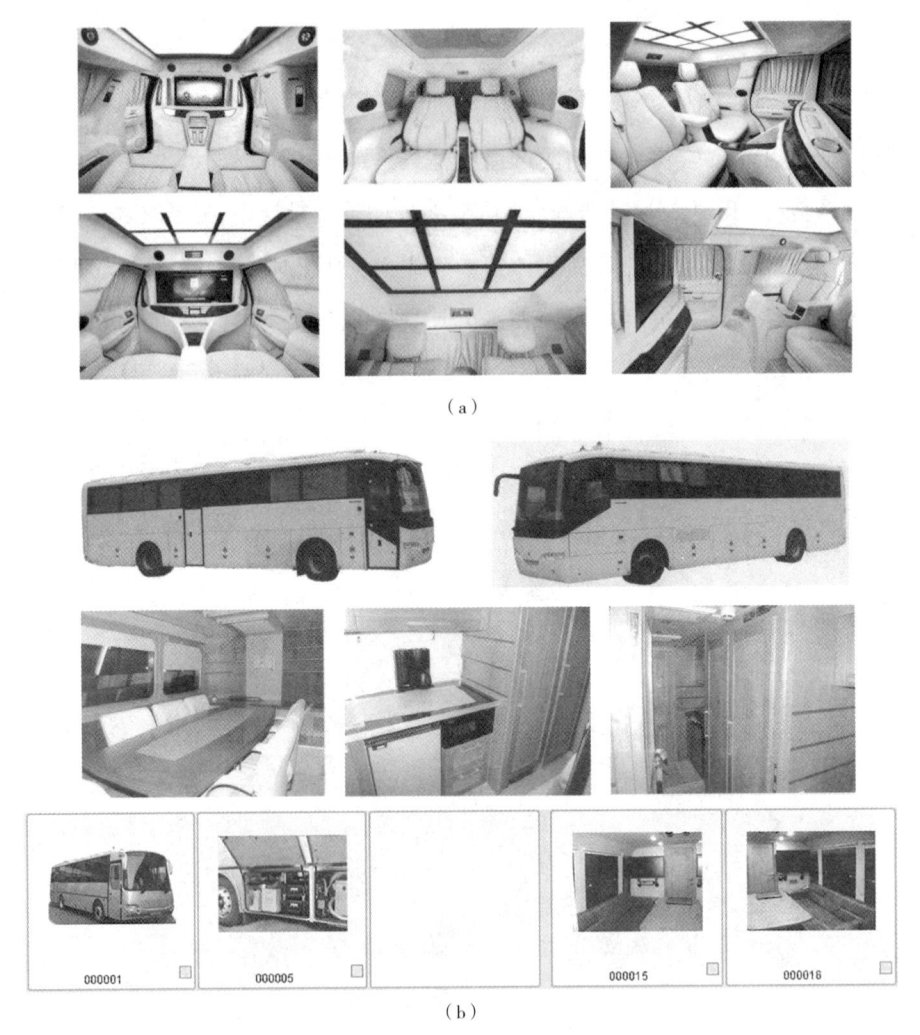

图1.5-5 俄罗斯汽车内饰外观设计专利

5.1.3 不授权情形

俄罗斯专利法中明确规定了下列各项不得作为工业品外观设计受到保护：

1）仅受产品技术功能制约的决策；

2）建筑艺术客体（小建筑艺术形式除外）工业构筑物、水利构筑物和其他固定构筑物；

3）用液体、气体、粉末状物质或类似物质制造的无固定形式的客体。

4）违反公共利益、人道原则和道德的其他决策不能成为专利权的客体。

5.2 特色制度

1. 不丧失新颖性宽限期

俄罗斯《专利法》规定"涉及工业品外观设计的信息由设计人、申请人或是其他任何一个可以直接或间接得到这一信息的人泄露，导致有关工业品外观设计的实质内容成为公知的，在自信息泄露之日起 6 个月之内向联邦知识产权执行权力机构提交该工业品外观设计申请的情况下，不妨碍工业品外观设计专利性的认定。申请人负有关于信息泄露不妨碍工业品外观设计专利性认定的举证责任。"

由此可见，与中国规定的不丧失新颖性宽限期是 6 个月相同，俄罗斯规定的不丧失新颖性宽限期也是 6 个月，不同在于俄罗斯的不丧失新颖性宽限期是广义的新颖性宽限。中国的设计人或者申请人自己在出版物上的公开就不能享有新颖性宽限期，而俄罗斯规定外观设计的设计人、专利申请人以及从他们那里直接或间接获得信息的任何人纰漏此信息，只要外观设计的专利申请是在纰漏信息之日起的 6 个月内向联邦知识产权行执行权力机构提出的，并由申请人提供相应证明材料的条件下，就不会妨害该申请新颖性的认定。

第六章
欧洲地区外观制度——欧盟

欧盟的外观设计专利分为"非注册式"外观设计和"注册式"外观设计。"非注册式"外观设计不需要履行任何手续，从该外观设计在欧盟境内首次为公众知悉（如出版、展览、销售等）之日起自动获得保护。"注册式"外观设计需要向欧洲知识产权局（EUIPO）递交申请手续，必须要提交的文件内容主要有：①注册外观设计的请求，②确认申请人身份的相关信息，③适于复制的外观设计视图至少1幅（若要求延期公开的平面设计，需要提交样品5份）。

本章主要介绍在欧洲知识产权局注册的"注册式"外观设计（以下简称"欧盟外观设计"）。欧盟外观设计权是在欧盟范围内整体有效的排他性权利，在欧盟的全部领域范围内，效力和欧盟成员国的本国外观设计权一样。

6.1 保护客体

6.1.1 可专利性条件

《共同体外观设计保护条例》第3条对外观设计的定义进行了解释："外观设计是由线条、轮廓、色彩、形状、质地和/或产品本身的材料和/或产品的装饰物所产生的整个产品或者部分外观。其中产品是指任何工业产品或者手工业制品，包括装配复杂产品的零部件，包装、样式、图形符号和印刷字体，但计算机程序除外。组合产品指由若干能被替代的组件组成的能够拆卸和重新组装的产品。"

非注册式外观设计和注册式外观设计都需要满足下列两个条件：新颖性（new）和独特性（individual character）。

6.1.2 客体范围

欧盟外观设计包含的范围很广泛，根据上述的定义，手工产品、工业制品、图形符号、标志设计、印刷字体等都属于外观设计保护范畴。

1. 部分外观设计

作为外观设计的载体不仅包括产品，也包括产品的一部分，产品的一部分的外观即我们通常所称的部分外观设计，所包括的内容同样也非常丰富，除工业产品、手工业制品、包装、组合物的部件等具体有形载体外，还包括样式、图解符号和印刷字体等抽象载体，图案、形状、装饰品、质地、设计、标牌、字体，以及色彩都可以注册部分外观设计。

2. 界面设计

界面设计可以被看作是独立的产品设计，无须指定其适用的产品载体。例如画面、照片（除幻灯片外）电子打印的图面或者任何其他图示，只要是能复制的，都可以被注册界面外观设计。

3. 字体设计

定义中的字体设计，指的是铅字的"印刷字体"、字帖，不包括计算机软件、字体库。计算机软件、字库可以由计算机软件指令保护。字体的形式可以是"单独的单词""整套阿拉伯数字"（如图1.6-1（a）所示）、"整套字母与阿拉伯数字"，或者"整套字母与阿拉伯数字以及标点符号"（如图1.6-1（b）所示），其中后面两者申请数量较多。

（a）整套阿拉伯数字设计

图1.6-1 欧盟字体外观设计

abcdefghijklmnopqrstuvwxyzABCD
EFGHIJKLMNOPQRSTUVWXYZ
0123456789()[42645]{}€$&%‰ƒ¢£¥
!"#$%&'()*+,-./:;<=>?[\]^`{|}~€‚ƒ„
…†‡ˆ‰Š‹Œ·Ž··''""•–—˜™š›œ·žŸ¡¢
¤¥¦§¨©ª«¬®¯°±²³´µ¶·¸¹º»¼½¾¿×÷ß
àáâãäåæçèéêëìíîïðñòóôõöøùúûüýþÿ
ÀÁÂÃÄÅÆÇÈÉÊËÌÍÎÏÐÑÒÓÔÕÖØÙÚÛÜÝ
ÞŸ ΔŁΩℓ≈˘˙ ͅefifl/≥˝∞∫≤◊†–≠·∂π∏√
∑ -

**Stencil Moonlight LT Std Regular 42645 . Bei jeder
Schriftgestaltung wird der Grundcharakter eines Alphabets
von einheitlichen Formmerkmalen der Buchstaben
bestimmt. Bei jeder Schriftgestaltung wird der
Grundcharakter eines Alphabets von einheitlichen**

（b）包含一套数字、字母和标点的设计

图 1.6-1　欧盟字体外观设计（续）

6.1.3 不授权情形

1. 公共政策或道德因素的排除

《共同体外观设计保护条例》第 9 条规定了"违背公共政策或者道德规则的外观设计不给予外观设计注册"。法条中没有进一步解释公共政策和道德的具体含义，但判断的标准应符合欧盟地区范围内公众的伦理道德观念和行为准则。例如包含种族歧视文字或图像的外观设计是不被接受的。

EUIPO 对含有著名的标志、卡通形象等的外观设计未予限制。对于国家的标志（旗帜）或者宗教的标志，只要在申请注册的外观设计中正当使用，不属于《共同体外观设计保护条例》第 9 条规定的违反公共政策或者道德规则的外观设计。对于含有著名人物肖像的设计，即使没有获得该著名人物的许可，也并不一定视为其违反了公共政策或者公认的道德规则。

但是，含有著名的标志、卡通形象等外观设计即使在注册审查阶段得以注册，在后续的救济程序中也可能被宣告无效。

2. 功能限定的设计的排除

根据《共同体外观设计保护条例》第8条第1款的规定，"对于仅仅受其技术功能所限的产品外观特征，不能获得外观设计权的保护"。具体要求是满足如下情况的设计不能获得保护：外观特征必须以准确的形状、尺寸重复生产，以便采用该外观设计或与该外观设计结合的产品能够被机械地连接到或容放到或靠接到另一产品上，使各自完成相应的功能。

3. 不可视的零部件产品

《共同体外观设计保护条例》第4条中规定，对于组合产品中的零部件设计来说，最终用户在正常使用（不包含维护、服务或修理状态）时无法看见的产品的外观设计，不能获得保护。当满足下述条件时，也可以获得外观设计保护：①在组合产品正常使用时，构成该组合产品的零部件仍然可以看得见；②该零部件的可见部分本身满足新颖性和单独特征要求。

6.2 特色制度

6.2.1 注册制与非注册制

1. 具体内容

"非注册式"外观设计的保护期限为3年，从该外观设计在欧盟境内首次为公众知悉（如出版、展览、销售等）之日起自动获得保护。非注册式外观设计不需要履行任何手续，也不需要产品在欧盟境内实际销售或发行，但是权利人应保留设计原稿和创作证据，以便能够证明其对该外观设计享受的所有权。对于非注册式外观设计，权利人只有在被他人抄袭或者恶意复制时，才有权阻止他人进行商业使用。

"注册式"外观设计保护期限是自申请日起5年，可续展4次，最长可续展至25年。注册式外观设计的专有权包括权利人的专有使用权，以及阻止他人在欧盟境内未经许可而实施该外观设计的权利。实施行为包括制造、销售、许诺销售、进口、出口或使用该外观设计产品，以及为上述目的而贮存外观设计产品。

在保护效力上，无论是注册外观设计还是非注册外观设计，在共同体内每个成员国内均有效。

2. 优点分析

EUIPO 的非注册制与注册制结合的方式，在专利保护上更加灵活和完备。

一方面非注册制不需要履行任何手续，从设计被公众所知之日起自动获得保护，使设计创造成果自诞生即保护，对于一些市场周期比较短的外观设计来说非注册制度是很有利的。

另一方面注册式外观设计专利加大了保护力度和保护范围。对于一些预计市场周期较长的产品来说，提供更长的保护期比较有利。注册制的保护期限 5 年起，可续展 4 次，最长续展至 25 年的制度，可以适用于不同领域不同类型的保护要求。可不断地根据产品自身的时效性、市场反映出的经济价值等自行选择保护期限，对专利市场的分析和权利人的保护成本来说都很有利。

6.2.2 不丧失新颖性宽限期

1. 具体内容

在欧盟注册的外观设计享有 12 个月的不丧失新颖性宽限期，其实行的是广义的宽限期制度，即设计人或者申请人的公开均不影响其新颖性。

《共同体外观设计保护条例》具体规定了不影响新颖性的公开情形：

1）由设计人、权利继承人，或者由设计人或权利继承人的行为及提供的信息而得知的第三人作出的公开。

2）由于设计者或其权利继承人滥用披露而导致的公开。

2. 优点分析

相比中国狭义宽限期制度来说，在时间上多6个月，设计人、申请人的公开均不影响新颖性。这就使创新主体可以更自由地实施其设计成果，诸如参加展会、新产品发布会等均不必顾忌其因自身公开而丧失新颖性，而导致其设计成果不能得到保护。但是，应注意在使用该制度时，申请人需要保存独立创作的相关文件和证据，以及该外观设计产品在欧盟境内的首次公开日。

6.2.3 保护设计的制度

1. 具体内容

《欧盟外观设计法》第3条所述"产品"包括的内容也非常丰富，除工业产品、手工业制品、包装、组合物的部件等具体有形载体外，还包括样式、图解符号和印刷字体等抽象载体，因而极大地扩充了通常意义上的工业品外观设计的概念，保护范围非常宽泛。

2. 优点分析

保护设计制度的保护范围更透彻，即设计人创意的一种全面的保护，不局限于某一种载体。例如，"汽车"，其权利不仅包含作为交通工具的汽车，也能延及其他类别的产品，如"玩具汽车"。

3. 适用行业

创新度较高的产业，适用行业比较广泛。

6.2.4 部分外观设计保护制度

1. 具体内容

《欧盟外观设计法》第3条给出了外观设计的定义："外观设计是由线条、轮廓、色彩、形状、产品自身和/或其装饰物的纹理和/或材料等特征所产生的整个产品或者产品的一部分的外观。"

2. 优点分析

部分保护制度更加促进创新，尤其在设计产业越来越发达的地区，往往诞生大量的产品局部改进设计，这一制度将使知识产权的保护更加全面周到。

3.适用行业

适用于行业内外观设计成熟或者设计空间较小，需要局部改进设计的行业。

6.2.5 成套产品外观设计申请制度

EUIPO的成套产品与中国成套产品并非同一概念，属于"一设计一申请"的制度，成套产品中的每一件产品不能单独主张权利，也不能被部分无效。更类似于不含有组装关系的组件产品，如国际象棋子和棋盘、日式料理的调料套装盘等产品。

成套产品外观设计的申请应当满足以下条件：

1）成套产品必须具有相同的设计特征。如图1.6-2所示餐具的边缘、棱角等具有相同的设计特征，可以作为成套产品。若不具有相同设计特征，即使可以成套使用也不能作为成套产品。

2）作为一项外观设计提出的成套产品的外观设计必须表示在同一幅图中。如图1.6-3所示的盒子即为成套产品的一项外观设计的表示方式。如果将不同的套件产品分别在多复视图中表示，则会被作为复数外观设计申请。

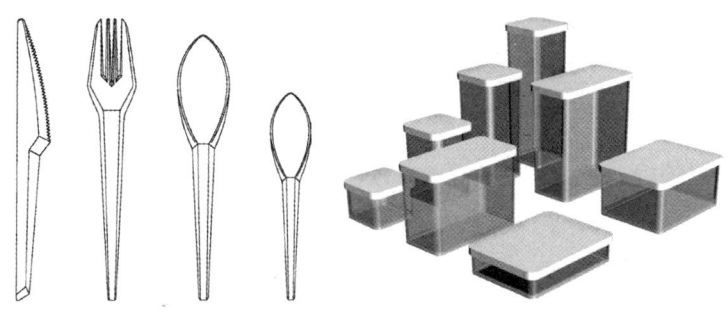

图1.6-2 成套餐具　　图1.6-3 成套盒子

6.2.6 复数外观设计申请制度

1. 具体内容

为方便申请人，EUIPO 实行复数观设计申请制度。该复数申请指的是合案审请，即几个外观设计可以结合在一起作为注册制共同体外观设计的复数外观设计制度。

其要件包括：

1）属于洛迦诺分类表中的同一大类，32 大类中纹饰等除外；

2）应当指明每项外观设计有意结合或者有意应用的产品；

3）合案申请的项数最多 100 项。

2. 优点分析

可以节约成本和便利管理，申请人可以在一件注册式外观设计申请中，最多提交 100 项的外观设计，唯一的限制条件是属于《国际外观设计分类表》的同一大类。例如，若申请人计划注册校准器、停车计时器、压力测量器、安全报警器、航标灯、手表带等多项专利时，注意到这些产品都属于分类表中的第 10 大类，此时可以将 20 项外观设计合并在一件多项外观设计申请中递交，这样极大地方便了程序管理。效力上，每一项外观设计都具有独立的权利，可以单独分别进行抵押，作为强制执行和清产的对象，可以单独更新、修改、转让和失效。

3. 适用行业

所有行业，尤其是综合的生产厂家，产品属于同一大类时可利用这一制度。

6.2.7 重新确定申请日制度

1. 具体内容

《共通体外观设计保护条例》第 46 条第 2 款同时规定，如果申请要件存在可弥补的缺陷，且申请人按照审查员的要求在指定期限内补正，EUIPO 可以将补正日作为申请日。

2.优点分析

从申请人角度来说可以及时修正缺陷和设计的不足,不用再因为超范围而重新申请,节省了很多的再申请时间和再申请的提交步骤等;对于行政资源来说也更加便捷和节约程序。

3.适用行业及注意事项

适用所有行业。重新确定申请日制度有其优点,但是建议尽量一次满足要求,否则会因为小缺陷而延迟申请日得不偿失。

6.2.8 展会优先权制度

1.具体内容

EUIPO 对于国际展览会上公开的外观设计给予优先权,明显有别于其他各国将其只适用不丧失新颖性宽限期的制度。《共同体外观设计保护条例》规定,在申请日前 6 个月内,申请人在政府主办或者承认的国际展览会上公开了结合或者应用该外观设计的产品,可以将该公开日视为在 EUIPO 的申请日。其中,政府主办或者承认的国际展览会应当是符合国际展览公约规定的展览会。申请人必须提交证明材料,证明在国际展览会上展出了结合或者应用该外观设计的产品。

在实践中,EUIPO 目前只给予了"世博会"展会优先权。

2.适用行业

参加世博会的产品。

6.2.9 延迟公布制度

1.具体内容

2001 年通过的《共同体外观设计保护条例》规定了外观设计的延迟公布制度。从申请日(或优先权日)至注册的延期公布最多可以推迟 30 个月。

只能在提交申请时请求延期公布。提交申请之后请求延期公布的,不予考虑。多项申请中,可以仅就其中的一部分外观设计请求延期公布。

2. 优点分析

EUIPO 的注册周期相当短，自申请日至注册外观设计的公告日一般仅需 6 周。而一些申请人此时并未决定是否将设计投入市场，过早地公布会造成过早被竞争对手模仿，影响自身竞争力。延期公布期间，第三方仅仅可以得知相关注册的下列有限信息：专利权人姓名、代理人姓名（如果有）申请日、注册日以及申请文件编号。外观设计图片、照片或产品说明都将不会被公布。申请人可借此机会进一步完善其市场营销计划，或在竞争者尚未注意时完成产品的准备工作，从而使权利人能够未来的市场竞争中保持竞争优势。

3. 适用及注意事项

适用于申请人希望外观设计在递交申请后、产品真正上市之前出于保密状态的申请。或者需要进一步完善市场营销计划，不希望产品过早被市场所知的产业。

注意最晚在 30 个月延期期限届满前 3 个月（即申请日或优先权日后第 27 月），申请人必须请求公布，审查员不会提醒申请人与/或其代理人延期期限届满。注意该期限是申请人与/或其代理人的义务。申请时或申请后声明优先权日的，必须特别注意，因为该优先权日将决定延期期限。多项申请的不同外观设计声明不同优先权日的，更应当注意。在这种情况下，同一多项申请的外观设计可能存在不同的延期期限。30 个月延期期限届满前，欧洲知识产权局没有收到公布请求的，该注册式共同体外观设计被视为自始没有《注册式外观设计保护条例》所规定的效力。

第七章
其他国家代表外观制度——美国

7.1 保护客体

7.1.1 可专利性条件

美国法典第171条中规定了获得专利权的条件："任何人对一种工业产品作出一项新的、原创的、装饰性的设计，只要符合本法规定的条件和要求，即可获得专利权"。

由上述法条及其他相关规定可知，美国外观设计申请应符合以下条件：

1）新颖性、原创性以及发明专利中的非显而易见性；

2）必须应用或体现于工业产品；

3）必须具有装饰性。

7.1.2 客体范围

1. 部分外观设计

美国可以申请部分外观设计，但所提交视图必须清楚地表达该部分外观设计所应用的环境，即需在所提交的视图中清楚表达该部分外观设计所依附的具体的、完整的产品，所要求保护的部分用实线表示，其他部分用虚线表示，虚线不能用来表示产品不可见的内部环境，如图1.7-1所示。

另外，图案作为产品的局部设计也属于外观设计的保护客体，如图1.7-2所示，所要求保护的部分为产品表面图案，虚线所表达的罐体仅为所要保护的该部分外观设计所依附的产品，其不在保护范围内，因此通常需要同时在说明书中说明虚线部分不是要求保护的内容。

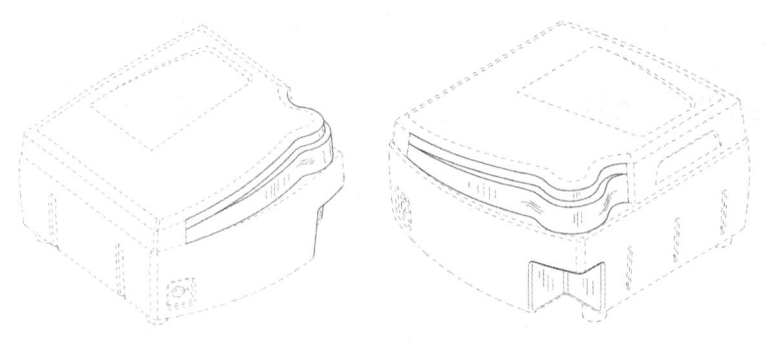

图1.7-1　细胞分析仪局部设计

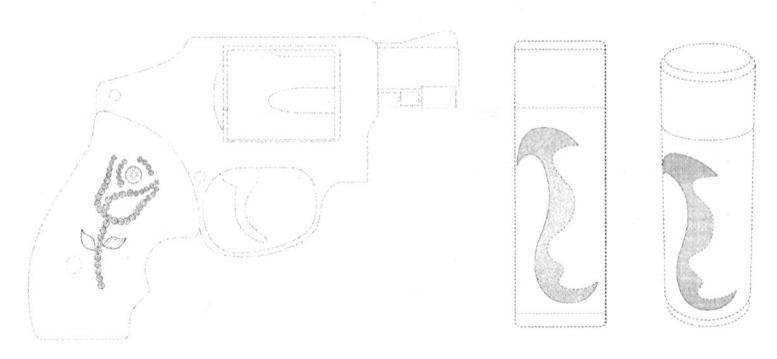

图1.7-2　罐体表面图案设计

2. 界面设计

根据美国《专利法》及《计算机图形符号审查基准》规定，界面设计也算是一种表面装饰，属于外观设计专利的保护客体，因此，界面设计作为一种部分外观设计来说，其授权条件及提交规范首先需要满足部分外观设计申请的要求，必须以产品为载体，例如需以手机、计算机、电视、相机等展现电子界面的电子设备为载体，并且对于变化的计算机图标需要用两个或两个以上的画面来显示画面的连续变化。在说明书中应该包括关于这种动态设计的说明。

如图1.7-3所示，虚线所表达的产品"手机"为图形用户界面的载体，如前所述虚线表达的内容不在保护范围之内，所要求保护的图形用户界面以实线表达。另外，针对可改变形态的界面设计（是界面设计的一种，着重其表达方式，因此归入界面设计）也是外观设计专利保护的客体。

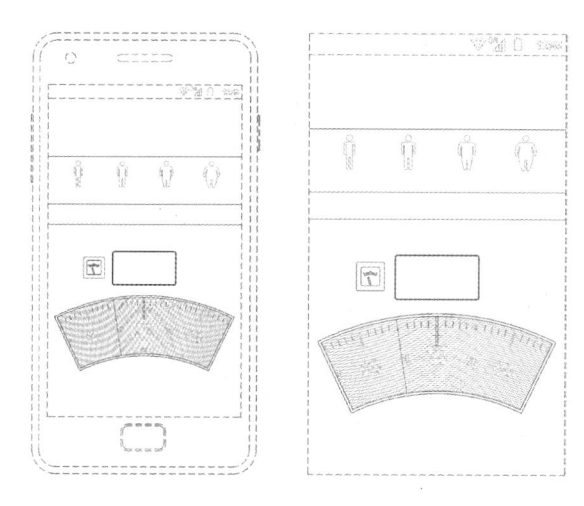

图 1.7-3 手机的图形用户界面设计

3. 字体设计

字体设计也可以作为一种表面装饰包含在外观设计专利的保护客体范围内，其授权条件首先应当满足前述的局部外观设计的授权条件；其次，要求保护的字体必须展现出该种字体全部的字体单位，单个字不享有专利权。如图 1.7-4 所示，对于字母和数字应当包含 26 个英文字母以及 0~9 全部数字内容。

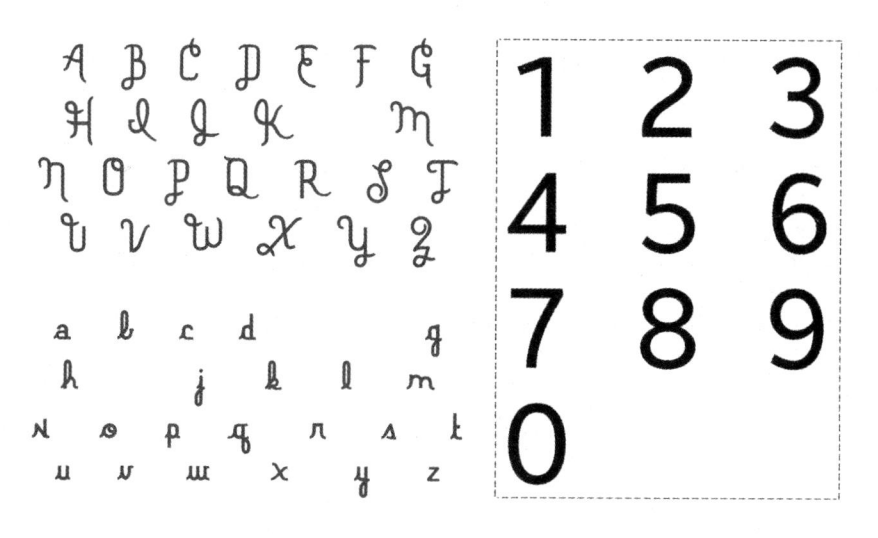

图 1.7-4 字体设计

第一部分 外观设计专利制度简介 69

4.著名商标、卡通形象等的设计

美国外观专利申请中允许使用申请人为非权利人的知名商标、卡通形象,但如果在一个外观设计申请公开的视图中使用有关商标,必须声明该商标素材是外观设计权利要求的一个组成部分,并要注明商标权利人的名字,且禁止任何对商标贬义的使用。对于知名卡通形象并无明确限制性规定,但由于使用上述知名商标和卡通形象作为外观设计的一部分会局限申请人的保护范围,且有可能会影响后续程序中不必要的纠纷,因此不建议申请人使用他人知名商标和卡通形象。

7.1.3 不授权情形

1.功能限定的设计

根据美国法典中对外观设计的定义,美国外观设计申请必须符合"装饰性"要求,因此,纯功能限定的设计则不属于美国外观设计的保护客体。美国在《审查指南》的第1504.01(c)节"缺乏装饰性[R5]"中规定,装饰性特征或设计是指该设计是为了装饰的目的而产生的,必须主要是装饰性的才具有专利性。同时,确定一项设计主要是功能性的还是装饰性的,要从请求保护的外观设计的整体来观察,要确定该设计是否是以物品实用的目的而作出的。装饰性的确定不是基于装饰性特征的大小做定量的分析,而是基于其装饰性对设计的整体所产生的装饰性作用。

2.违反公共道德的设计

如果外观设计申请表达的主题会被任何种族、宗教、性别、民族或国家认为是违反公共道德的,包括歪曲讽刺或描绘,则不属于合法的主题,根据美国《专利法》第171条将被驳回。

3.仿真设计

根据美国外观设计定义,所申请的设计必须满足新颖性、原创性以及发明专利中的非显而易见性,仿真设计为模仿自然界原有物品的设计,必然不属于再创作的新设计,因此仿真设计就自然而然被排除在了保护范围内。

4.修改超范围

美国对申请文件的修改包括申请人的主动修改和应审查员要求的修改，审查员不能对申请文件进行依职权修改。根据美国《专利法实施细则》的规定"所作的修改不能对发明的公开添加新内容"，明确修改超范围这种行为是不允许的，外观设计的保护范围理解为：结合说明书记载的描述，图片中实线所示的物品表面或部分。而新内容是指在原说明书、图片或者权利要求中无在先依据的内容。最初申请时提交的说明书和图片就是在先依据。

（1）说明书的修改

产品名称：虽然产品名称不是外观设计保护范围的界定依据，但是产品名称的修改也不允许增加新的内容。若其修改增加了新的内容，将违反《专利法》第132条而不被接受。

对视图的描述：对要求保护的外观设计却没有在视图中显示的那部分外观的说明，必须在该专利申请的初始文件中提交，不允许通过修改的途径增加此类说明，增加内容将被认为是超范围的修改，不予接受。

权利要求：外观设计权利要求保护的范围限于在申请图片中实线表示的内容。权利要求可以通过在原申请时公开的范围内扩大或缩小其保护范围来进行修改，如果权利要求的增加、改变或者减少如果可以根据原图片或者照片可以直接地、毫无疑义的确定，则该权利要求的修改不超范围。

（2）图片或照片的修改

对视图的修改应当避免增加新的设计内容，即对视图的修改内容应当能够在最初提交的说明书和图片中找到在先依据，否则属于超范围的修改，不能予以接受。具体情形如下：

1）外观设计结构变化：由于美国外观设计不存在临时申请制度，因此申请日所提交的文件内容已限定了该申请的保护范围，任何对视图中该设计结构的改变、增加或减少均属于超范围的修改。

2）色彩的修改：若在原始申请中提交了彩色照片或者彩色图片，色彩被认为是公开的要求保护的外观设计的一部分。如果在申请日提交的带有色彩的视图为非正式的视图，且在文件中明确色彩不是要求保护的部分，在后提交的正式的照片或者图片中允许删除色彩。反之则被禁止修改。

3）虚线的修改：虚线的修改必须在其他原始视图或说明书中有在先依据，例如在外观设计专利的原始视图中没有显示边界，但在说明书中清楚地说明了要求保护的外观设计的边界是连接着要求保护的实线末端的一条直的虚线，申请人可以修改视图，增加一条紧接着要求保护的实线末端的直的虚线。若无在先依据，则认为是增加新内容而被禁止。通过将图片中某一部分变为虚线或者将虚线结构变为实线的对于外观设计的保护范围的修改，不属于结构上的变化，该修改是可以允许的，但原始虚线与实线所表达的结构必须在提交申请文件时已清楚表达。

5. 单一性

一件外观设计专利申请只能包含一项外观设计，但申请中可以在一个相同的设计构思下包含若干的实施例，若不符合多个实施例合案申请的条件，则不符合单一性，必须删除不符合条件的外观设计或做分案申请。

美国单一性例外是通过允许提交多个实施例来实现的，但多个实施例可以合案申请的条件包括以下 4 个：

1）一件申请中的多个实施例需属于相同设计构思的外观设计；

2）一件申请中的多个实施例相互间必须具有明显的联系；

3）一件申请中的多个实施例相对于彼此必须不具有新颖性和非显而易见性；

4）一件申请中多个实施例之间的区别必须单独提交附图说明或在申请说明书中指出。

例如，专利号为 29/359,624 的美国外观设计专利就是利用多个实施例的形式作为一件外观设计提出的申请，其视图如图 1.7-5 所示。

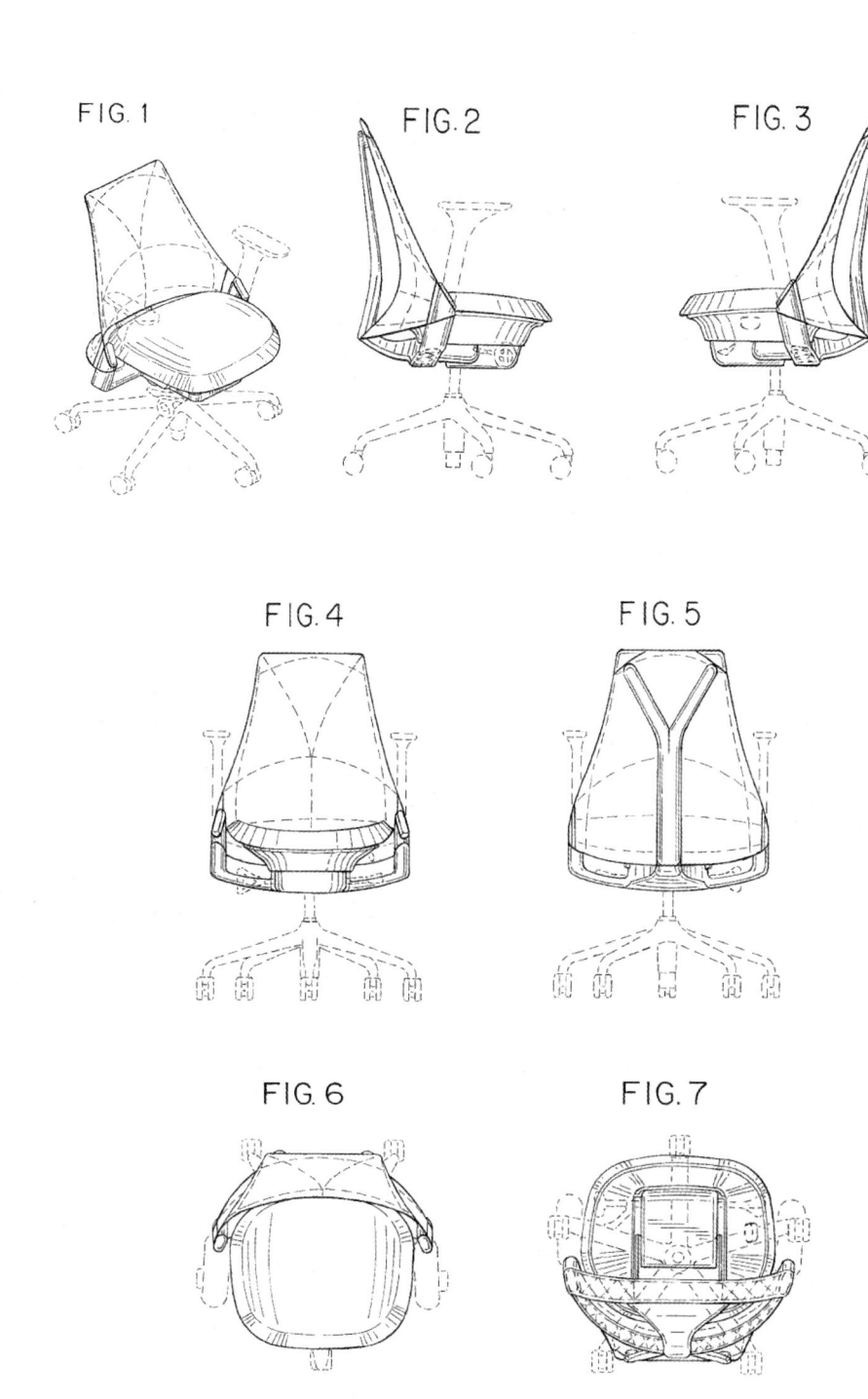

图 1.7-5 29/359,624 专利

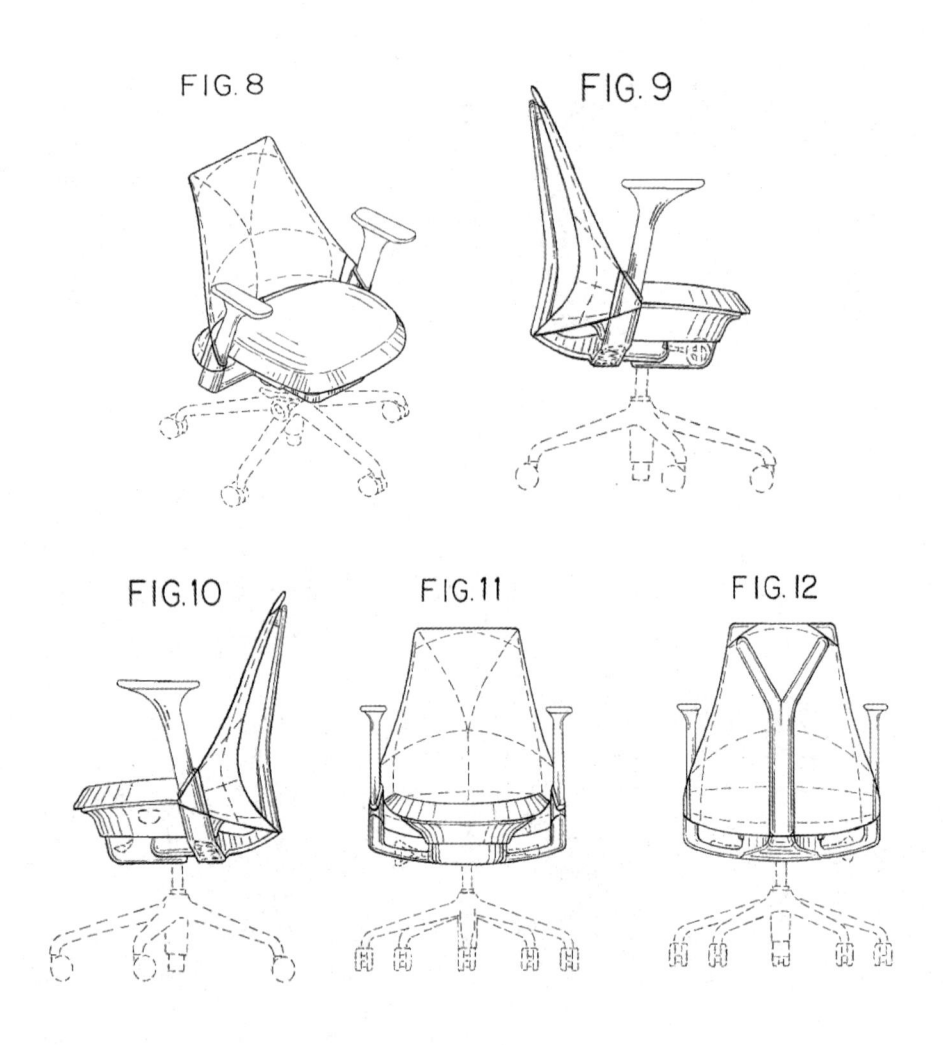

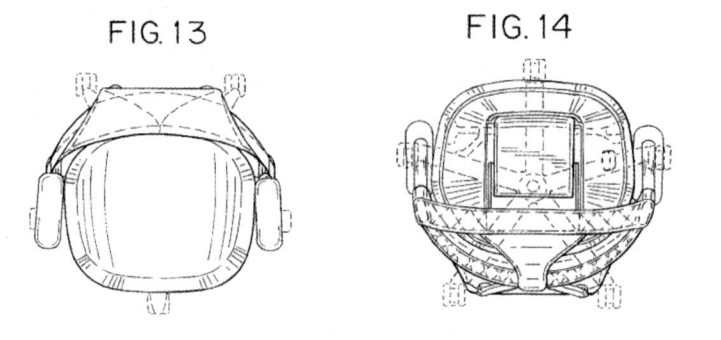

图 1.7-5 29/359，624 专利（续）

如图 1.7-5 所示的美国外观专利申请中，FIG1~FIG7 为第一个实施例，FIG8-FIG14 为第二个实施例。二者整体的形状结构完全相同，第一个实施例中产品扶手及支脚等结构均采用虚线绘制，表示虚线部分不属于其保护范围，第二个实施例与前者相比，其区别仅在于将扶手部位的虚线修改为实线，该区别不构成彼此之间具有新颖性和非显而易见性，满足同一设计构思下多个实施例的条件，可以合案申请。实施例的效力在于，只有一个外观设计专利权，仅有一个保护范围，且多个实施例的保护范围也同样包括在该项权利要求的范围中。

7.2 特色制度

7.2.1 不丧失新颖性宽限期制度

美国规定的不丧失新颖性宽限期是 12 个月，并且实行的是广义的新颖性宽限期制度，设计人或者申请人的公开均不影响新颖性。

美国《专利法》第 102 条具体规定了不影响新颖性的公开情形：

1）设计人在国内外刊物上的公开；

2）设计人在美国国内的公开使用和销售。

7.2.2 加快审查制度

由于美国对外观设计专利申请实行实质审查，审查周期往往比较长，这与某些领域的外观设计审查周期相矛盾。因此，美国在 2000 年 9 月 8 日增加了加快审查制度，使审查周期控制在 12 个月内。但请求加快审查的专利申请必须符合以下条件：

1）必须包括符合标准的图片；

2）必须已经进行了审查前的检索；

3）申请人提交了加快审查请求、已经进行了审查前检索的声明、缴纳了费用。

7.2.3 继续申请制度

继续申请是将原申请中所要求保护的完整产品外观设计的部分设计单独拿出请求继续申请，并获得新的申请号。例如，原申请所要求保护的外观设计为柜子，在该申请处于未完结状态时，即授权公告之前或者收到驳回通知书之后，申请人可以就该柜子表面的花纹单独再次提出申请，该申请享有原申请的申请日，且不影响原申请的审查结论。

申请人提出继续申请应满足以下条件：

1）提出继续申请时，原案申请应当还处于审查阶段，尚未结案或驳回后3个月的答复期限内；

2）继续申请与原案申请的设计人至少有一个是相同的，即应当由原申请人提出；

3）继续申请的说明书正文应当依据原案的申请文本而成，不能包含任何新的主题；

4）原案申请应当是非临时申请；

5）继续申请也应当缴纳申请费。

在美国利用继续申请制度，其优势是显而易见的，申请人提出的继续申请可以获得较早申请日，当该申请被驳回后，申请人可以就该申请中认为可以授权的部分提出继续申请，获得继续审查的机会，维持部分设计专利权。申请人利用继续申请制度可以使权利范围更加完善、保障权利稳定性。

7.2.4 部分继续申请制度

在申请案件未完结之前，若申请人想进一步完善自己的外观设计，增加新的内容，则可以提出部分继续申请。部分继续申请是在原申请的基础上添加新设计内容，其与在先申请相同的部分享有在先申请的申请日，增加的新的内容仅拥有其提交时获得的申请日，部分继续申请依然不影响原申请的审查结论。

由于部分继续申请不能完全享有原申请日，部分继续申请并不占太大优势，通常此种情形下，申请人会选择直接申请，而不会选择部分继续申请。

7.2.5 再颁布制度

在申请被授权后，如果没有欺骗意图，对于说明书或绘图有缺陷，或者专利权人在专利中提出的权利要求多于或少于其有权要求的范围，而造成全部或者部分被视为不起作用或者无效的，在专利权人放弃已有专利权并缴纳法律规定的费用的前提下，可以就原始专利中披露的发明创造，修改专利申请，按照新的、经过修改的申请，重新公告、再颁发专利。再颁发的新专利保护期限为原始专利保护期限的未届满部分。重新颁发专利的申请也不得增添新的内容。再颁专利授权后，原始专利应当视为放弃。再颁专利与原始专利在法律上具有同等的效力和作用。

由以上的几种特色制度可以看出，虽然美国专利制度中明确规定"所作的修改不能对发明的公开添加新内容"，且在判定超范围的审查上也较为严格细致，但是，其对于专利申请的保护范围的修改，在授权后增加了更多的救济程序，包括继续申请、部分继续申请以及再颁专利制度。相对于其他大部分国家授权后并不允许修改专利权保护范围的制度而言，美国的这些特色制度能够更为充分地保护专利权人的利益：一方面，给申请人提供了更正错误，使专利权更完善、稳定的机会；另一方面，也给予权利人在合理的范围内调整权利保护范围的机会。将美国外观专利对于申请文件的几种修改方式进行对比，如表 1.7-1 所示。

表 1.7-1 美国外观专利各种修改方式对比

修改方式	时机	性质	目的
初步补正（主动修改）	最晚申请日后 3 个月，申请日提交的初步补正为原始信息	同一件申请	完善申请日文件

续 表

修改方式	时机	性质	目的
答复审查通知书	自通知书发出之日起 2 个月	同一件申请	修改通知书中缺陷
继续申请	授权公告之前或驳回之后	新的申请，享有原申请日，不影响原申请的审查结论	将原申请中整体产品的部分外观设计单独拿出提出继续申请
部分继续申请	授权公告之前或驳回之后	新的申请，与原申请相同的部分享有原申请日，新内容的申请日为申请提交日，不影响原申请的审查结论	发明有新的进展，增加新的内容，新的发明人
再颁布制度	授权后	同一件申请，原申请自动失效（权利范围实质相同，相当于原申请继续；权利范围不同，权利从再颁日起算）	修改非故意欺骗而产生的错误，防止该专利无法或部分无法实施或无效

第八章
国际外观制度——《海牙协定》

《海牙协定》是一种国际注册体系，通过向世界知识产权组织（WIPO）国际局提交一份单一的国际申请就有可能在若干个国家和/或政府间组织（统称为"缔约方"）获得工业品外观设计保护。因此，依《海牙协定》进行的一份单一国际申请可代替原本应该向不同的国家（或地区）主管局提交的一系列申请。

《海牙协定》由以下三个不同的文本组成：

1）日内瓦（1999年）文本，1999年7月2日通过，2003年12月23日生效；

2）海牙（1960年）本文，1960年11月28日通过，1984年8月1日生效；

3）伦敦（1934年）文本，1934年6月2日通过，1939年6月生效。

但是，1934年文本自2010年1月1日起冻结适用，因此国际注册簿中不能再登记依该文本进行的指定。1934年文本的冻结适用不影响2010年1月1日前依据该文本进行的指定。由于冻结，1934年文本下的所有活动将逐渐减少，并将于2024年12月31日终结。

《海牙协定》的1999年文本和1960年文本自成一体，相互之间完全独立。每部文本都是一部完备的国际条约，因此一个国家可以决定只加入其中一个文本，也可以决定加入两个文本。

一件外观设计国际申请，只有在签订了同一本文的缔约国之间得到保护。例如，如果申请人的缔约方仅加入了1999文本，他可以要求其申请在1999文本的缔约国内得到保护，无论该缔约国是否同时是1960年文本或 1934 年文本的缔约国。同时，该申请人无权要求其申请在仅仅加入了 1960 年文本或 1934 年文本的缔约国内得到保护。

同样，如果申请人根据一个受 1999 年文本和 1960 年文本双重约束的缔约方要求了申请资格，他可以在受 1960 年文本和／或 1999 年文本约束的所有缔约方获得保护。

在未加入海牙协定的国家，或者不是海牙协定政府间组织成员国的国家，海牙体系不能被用来保护工业品外观设计。要在这样的国家保护外观设计，申请人除提交国家（或地区）申请外别无选择。

在一个政府间组织的领土内申请保护的，保护延及该组织所有成员国的领土。

国际申请不要求任何在先的国家申请或注册。因此，工业品外观设计可以通过《海牙协定》在国际层面上获得首次保护。

本章的介绍主要涉及《海牙协定》1999 年文本和 1960 年文本。

8.1 保护客体

8.1.1 工业品外观设计

工业品外观设计是指实用物品的装饰性或美学特征。工业品外观设计可以是立体特征，如物品的形状或外表，也可以是平面特征，如图案、线条或颜色。

工业品外观设计广泛应用于工业和手工艺制品：从手表、珠宝、时尚奢侈品到工业用具和医疗器具；从家用器皿、家具和电器到车辆和建筑结构；从实用商品和纺织品图案到休闲用品，如玩具和宠物用品等。

工业品外观设计主要是指美学上的性质，实际设计本身相对于其所用于的物品，不能由技术或功能性考虑决定，至少不能完全由其决定。

2. 本国优先权

俄罗斯的专利申请可以享有公约优先权，即外观设计优先权可以根据该工业品外观设计的首次申请向《保护工业产权巴黎公约》成员国提交的日期确定（公约优先权），条件是工业品外观设计申请自上述日期起6个月内向俄罗斯知识产权执行权力机构提交。特别的，如果要求公约优先权的申请未能在规定的在先申请申请日起6个月的期限内提交，且并非申请人的原因而造成的，该期限可以由俄罗斯知识产权执行权力机构延长，但不得超过两个月。

希望享有工业品外观设计公约优先权的申请人应自该申请提交之日起两个月期限届满之前向俄罗斯知识产权执行权力机构说明，并自要求公约优先权的申请向上述联邦机构提交之日起3个月期限届满之前，提供无误的在先申请副本。

此外，与中国规定外观设计专利申请没有本国优先不同，俄罗斯的外观设计专利申请还可以享有本国优先权，即外观专利优先权的在先申请可以是俄罗斯本国申请，其《专利法》中明确规定：工业品外观设计优先权日可以根据同一申请人向俄罗斯知识产权局提交的，披露了该工业品外观设计的在先申请的日期确定，条件是要求了这一优先权的申请在提交当日，在先申请未撤回也未视为撤回，且要求了这一优先权的申请是自在先的工业品外观设计申请提出之日起6个月内提交。要求了这一优先权的申请提交之时，其在先申请视为撤回。同时，法规中也明确规定了优先权不能根据已经要求了优先权的在先申请提交之日确定，即已经要求了优先权的申请不能作为另一件申请要求优先权的在先申请。

一般而言，工业品外观设计必须能够用工业方法复制。不能复制的则为"艺术品"，可受版权保护。

8.1.2 工业品外观设计保护的范围保护

保护范围由提交申请时所提供设计的复制件界定。如果希望设计得到最大保护，则应当全面展示该设计，因为只有复制件中可视部分才能获得保护。因此，可能有必要从不同角度再现特定物品并提交不同的复制件。

申请人可以选择提交同一设计的不同视图，以便显示三维设计的全部特征，或满足作出声明的指定缔约方所要求按其法律提供相关产品不同视图的要求。

国际局对国际注册申请进行的审查仅限于形式要求（如提交语言、至少指定一个缔约方等），国际局不会进行任何实质性审查（如新颖性审查）。

8.2 特色制度

8.2.1 国际展览的优先权

根据《巴黎公约》第11条的规定，可以对在官方或经官方认可的国际展览上展出的外观设计主张临时保护。如果打算在该国际申请中主张展览会的优先权，申请人应当在国际申请表第14栏相应选框内打勾，予以说明。

另外，如果进行了展出，申请表必须说明展览的地点、该产品首次展出的日期以及展出的每项外观设计的号码。

如果该优先权主张不涉及国际申请中所有的外观设计，申请人可以方便地选择，或者指明哪些主张展览会优先权的外观设计，或者指明哪些不主张展览会优先权的外观设计。如果没有指明任何外观设计，国际局将推定所有的外观设计都在该展览会中进行了展出。

8.2.2 公布

关于公布的时限，总的原则是在国际注册日之后 6 个月公布，除非申请人另作请求。6 个月的期限是考虑了下述事实，即：某些国家和地区的工业品外观设计保护法的规定不允许延迟公布，除非在一项工业品外观设计注册公布之前，需要经过一定的期限，因为审查（无论是形式审查还是实质审查）和公布的技术准备，需要这些期限。因此，通过规定 6 个月的期限，共同实施细则实际上赋予了国际注册权利人，享有与其提交国家和地区申请可以享有的相同的实际延期利益。

对于国际注册于国际注册日后 6 个月公布的总原则有两个例外，即，申请人请求立即公布或请求延期公布。

1. 立即公布

申请人可以请求立即公布。某些情况下，提前公布可能会有好处。例如，根据国家或地区法，只有公布之后，由工业品外观设计注册产生的权利才能生效。但是，无论如何，"立即"公布的概念也应当考虑国际局进行相关技术准备的时间。

2. 延期公布

申请人可以请求延期公布国际注册。在这种情况下，请求延迟的期限应当在该栏适当的位置以月为单位写明。

在国际申请只受 1999 年文本约束的情况下，可以提交样本来代替复制件，前提是该工业品外观设计是二维的。允许提交样本代替复制件的原因，是减轻申请人制作高质量复制件的费用，特别是在请求延迟公布的情况下，他们可能最终决定不再进行该外观设计的公布（和保护）。然而，公布国际注册的前提是缴纳公布费并提交复制件，而且最迟不晚于延迟期限届满前 3 个月。在延迟期限届满前 3 个月未能缴纳公布费或提交复制件的，将导致国际注册的撤销。

每件国际申请是否能够延迟公布，以及延迟公布的最终期限，仍需取决于国际申请所指定缔约方的不同国家或地区的法律。具体情况如表 1.8-1

所示，表中日期均自申请日起算，有优先权日的指优先权日。

表 1.8-1　国际申请延期公布的时间

文本	最长期限	缔约方规定期限	缔约方数量或设计提交方式	公布时间
1960 年 12 月	12 月			
1999 年	30 月	<30 月	一个	缔约方规定期限届满时
			多个	缔约方声明的最短期限届满时
		不允许	样本	不考虑该缔约方的指定，告知申请人
			复制件	告知申请人不符合缔约方规定，若申请人一个月内没有撤回指定，延迟请求不考虑

持有人可在延迟期限中的任何时间，要求公布国际注册，但持有人不能够延长延迟期限。

8.2.3　海牙协定优势

一般而言，工业品外观设计保护只限在申请和保护的国家或地区内有效。而《海牙协定》缔约方的国民和居民，或者设在缔约方的企业，借助工业品外观设计国际注册海牙体系，无须按不同的国家/地区程序分别提出国家和/或地区申请，只需通过一套简便、经济的手续即可在若干国家获得工业品外观设计保护：用一种语言（英语、法语或西班牙语）、一种货币、缴纳一套费用、向一个主管局（要么直接向 WIPO 国际局，要么在某些情况下通过缔约方的国家主管局）提出一份"国际"申请。

工业品外观设计一旦在国际注册簿中登记,即在国际注册中指定的每个缔约方享有该缔约方法律给予工业品外观设计的保护,除非国家/地区主管局明确驳回申请。国际注册在这种意义上等同于国家/地区注册。同时,国际注册也便于维持保护,国际注册的续展和任何变更登记,如所有权变更或地址变更等,只需提交一份申请即可。

第二部分
外观设计专利申请实务

第一章
日本外观设计专利申请实务

1.1 申请需提交的文件

1. 申请书

日本外观设计的申请书要求必须填写设计人、申请人、代理机构的相关信息，产品名称等基本信息，关联外观设计申请必须注明主外观设计的申请号。

外观设计的产品名称应当根据经济产业省令规定的"物品的类别表"中的类别填写产品名称，申请书中填写的产品名称对保护范围起到限定作用。对于成套产品，其产品名称应当根据外观设计法实施细则附表二中列举的产品名称填写。对于不属于外观设计法实施规则附表一中任何一种物品分类的产品，应当填写申请书中的"与外观设计相关物品的说明"一栏，有助于审查员了解该物品的使用状态、使用目的，认定该产品的用途和功能。

2. 说明的填写要求及其作用

日本外观设计申请的申请书中可以包括使用外观设计物品的说明和外观设计的说明，但是不强制提交。

使用外观设计物品的说明应填写产品的使用状态、使用目的等帮助理解该产品的说明。如果该外观设计申请包含用于产品的图形用户界面设计，应填写与该图像对应的外观设计的产品的功能和操作的说明。

可以在外观设计的说明中进行说明的内容主要包括：①使用外观设计的产品的形状、图案或者色彩可伴随该产品的不同功能发生变化；②仅靠图纸或照片不能明确使用外观设计的产品的材质或大小；③在视图中使用不构成外观设计的线、点及其他内容确定申请专利的外观设计的形状；④使用外观设计的产品的全部或部分为透明；⑤带有颜色的外观设计，省略了白色或黑色；⑥由于相同或对称等原因省略了视图；⑦细长产品省略了中间长度；⑧布料类产品图案只向一方向反复连续；⑨对产品的一部分申请外观设计专利时，应注明确定产品相关部位的方法。

此外，还可以将申请外观设计专利的外观设计的特征填写在特征说明书上，即外观设计申请中还包括特征说明。特征说明是为了给申请人一个描述产品的特征的机会，以帮助于审查员理解设计，它是一个单独的说明，既不属于使用外观设计物品的说明也不属于外观设计的说明。设计要点必须放在特征说明中，但是审查员会根据行业的具体情况以及自身的理解来判断该特征是否具有新颖性或者非容易创造性。特征说明的记载内容并不作为根据《外观设计法》第 24 条规定的注册外观设计的范围的基础，其对于权利范围，不给予直接的任何影响。

3. 记载有申请外观设计的视图或样品

日本外观设计视图可以是绘制视图、照片视图、计算机辅助制图，由申请人自行选择提交何种形式的视图，没有特别规定。

对于平面设计，应提交主视图和后视图，且主视图和后视图应当保持比例一致；对于立体设计，必须包括一套主视图、后视图、左视图、右视图、俯视图及仰视图，且应当依据正投影规则、按相同比例绘制，如果仅仅通过六面正投影视图无法表示所设计的全部内容，则要求提交其他必要视图，如立体图、剖视图或剖面图等。

绘制视图的各视图相互不一致，或者图纸不清晰、各视图的比例不一致时，通常会被认为没有清楚地显示外观设计。但如果依据该外观设计所属领域的常识进行综合判断，能合理作出善意解释，不影响外观设计的设计要点认定，即使视图中存在瑕疵，也可以视为已经清楚地显示了外观设计。

日本规定，当无法仅仅通过六面正投影视图唯一确定形状时，可以在视图中使用用于表示立体表面形状的阴影线，阴影线用来辅助表示立体产品的形状，也可以在图形中使用用于表示立体表面形状的点、线以及其他表示阴影的内容。

在提交的视图中，表示内部形状的虚线，或表示内侧形状的虚线，不能绘制在正投影视图中，但可在其他"必要的视图"中出现。但是，可以通过将取得外观设计注册的部分用实线描绘、其他部分用虚线描绘等，将取得外观设计注册的部分特定化。

对于表示杆材、线材、板材、管材等形状连续或者布料图案反复连续的视图，可以仅表示其连续或反复连续状态的部分，但应当清楚明了的表明重复的形状或图案的最小单元和连接方式，至少绘制出1.5~2个单位，并在外观设计说明中注明相关情况。

关于提交视图色彩方面，日本接受有色彩的视图，外观设计说明中的色彩必须与视图中表达的一致。提交了有色彩的视图即表明该外观设计请求保护色彩。

允许提交样品（或者模型）作为图纸的代替品，但是对于其大小及厚度有要求，如限制尺寸、非不易保存、收纳于结实的袋中等。

1.2 申请基本流程

对于提交至日本特许厅的外观设计申请，首先进行形式审查，形式审查合格后进入实质审查。

实质审查后，对符合授权条件的外观设计申请作出注册决定，并在外观设计公报上公告。经实质审查不符合授权条件的，发出通知书，申请人可以修改或陈述意见，对于修改或陈述意见后仍不符合规定的申请作出驳回决定。申请人可以对驳回决定进行上诉，上诉期限为3个月，提出上诉时可以修改申请文件。上诉程序审查后，可能作出注册决定，也可能维持驳回决定。对于作出的驳回决定不服的，可以向知识产权高级法院上诉。

无效程序的启动，是对于任何人认为不符合授权条件的注册外观设计，可以提出无效审判请求。对审判程序作出的无效或有效决定不服的，均可以向知识产权高级法院上诉。对于知识产权高级法院的判决不服，可以向最高法院上诉。

日本外观设计申请的流程如图2.1-1所示。

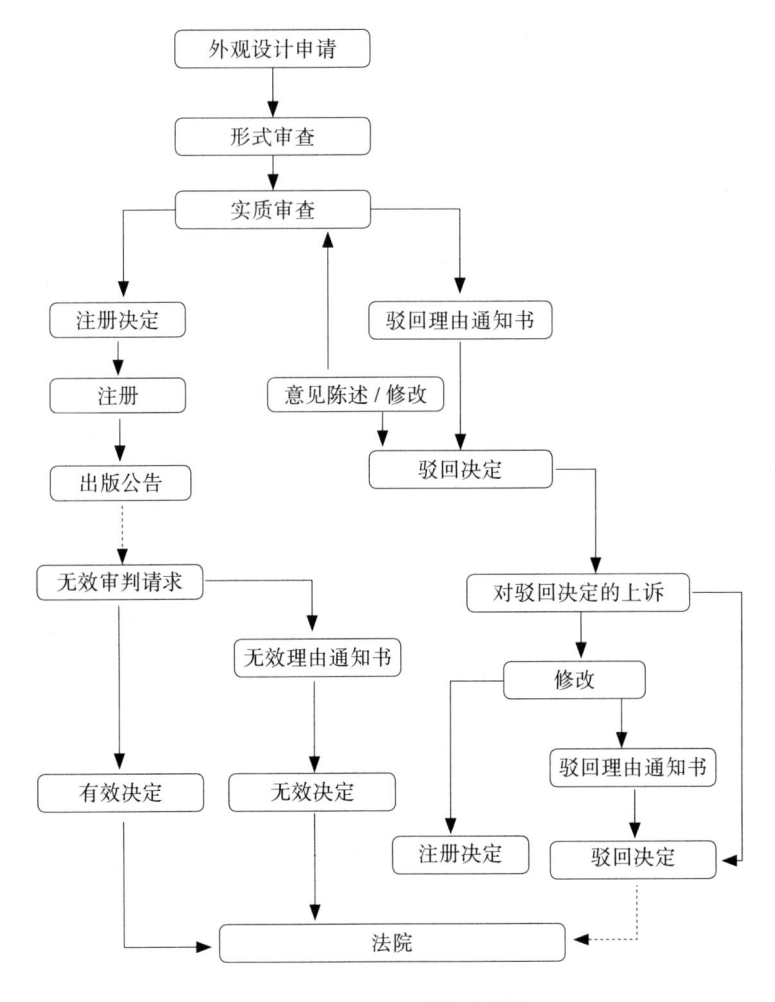

图 2.1-1 日本外观设计申请流程

1.3 期限、费用相关规定

1. 费用

外观设计申请的相关收费情况，包括费用类别、数额、缴费期限等。

申请外观设计专利时的主要费用如下：

1）申请外观设计专利，费用为16000日元/件，折合人民币约1050元/件；

2）要求外观设计保密，费用为5100日元/件，折合人民币约335元/件；

3）专利年费为8500日元（1~3年）/16900日元（4~10年）/33800日元（11~20年），折合人民币约560元（1~3年）/1110元（4~10年）/2220元（11~20年）。

第一年的专利年费应在给予外观设计专利的审查或复审决定副本送达日起30日内缴纳。第二年以后各年度的专利年费应在上一年度内缴纳。另外，根据专利年费缴纳人的请求，可以将专利年费的期限在30日以内给予延长。未能在上述期限内缴纳专利年费的，即使在超过缴纳期限后仍可以补缴专利年费，但最迟应在超过缴纳期限后的6个月以内补缴。但这种情况下，除专利年费之外，必须缴纳与专利年费等额的增额专利年费。

使用纸件申请资料提交申请的，每件需要增加1200日元（折合人民币约80元），每页资料需要增加700日元（折合人民币约46元）的附加费用。

2. 期限

1）日本的保护期限是自注册日起20年。

2）要求外国优先权期限为在先申请日起6个月。

3）不丧失新颖性宽限期期限为6个月。

第二章
韩国外观设计专利申请实务

2.1 申请需提交的文件

1. 请求书

韩国《外观设计保护法》第 9 条中规定：意欲获得外观设计注册的人应当向韩国特许厅提交实质审查外观设计注册申请的请求书或无审查外观设计注册申请的请求书。韩国外观设计专利申请依据申请类型分为"实质审查"和"无审查"两种审查模式。申请人选择不同的申请类型，填写相应的外观设计专利申请的请求书。"即如图 2.2-1 所示的实质审查请求书及图 2.2-2 所示的无审查请求书"，两种请求书主要需写明下列事项：

1）申请人和设计人的姓名、地址。若申请人为法人，还应包括法人代表的姓名及营业地址；

2）专利申请委托代理人的，需写明代理人的相关信息，包括代理人姓名、住址或营业地址。若委托专利代理公司代理专利申请，需写明代理公司名称、营业地址及指定的专利代理人姓名；

3）使用外观设计的产品，若为独立外观设计注册申请或关联外观设计注册申请需注明；

4）申请关联外观设计注册时，需提交基本外观设计的注册号或申请号；

5）要求优先权的，应在提交外观设计专利申请时提出优先权请求，并注明在先申请的国家和在先申请日。

需要注意的是，申请人在韩国申请外观设计专利申请时，请求书的填写务必符合韩国知识产权局的规定，否则，易造成文件不受理、导致无法给予申请号的结果。根据《外观设计实施细则》，违反下述要求，申请文

件将被退回给申请人,不予受理并不给予申请号:

1)未写明申请类型;

2)未写明申请人(或法人)的姓名、地址;

3)申请文件的填写未使用韩文;

4)申请文件未提交视图;

5)未提交设计说明;

6)提交申请文件的申请人在韩国没有居住地址、营业单位。

图 2.2-1 韩国外观申请实质审查请求书

```
전자문서 이용가능
```

[별지 제2호의2서식]

(앞 쪽)

방식심사란	담 당	심 사 관

【서류명】디자인무심사등록 출원서
【수신처】특허청장
(【참조번호】)
(【제출일자】)
【출원인】
　【성명(명칭)】
　【출원인코드】
【대리인】
　【성명(명칭)】
　【대리인코드】
　(【지정된 변리사】)
　(【포괄위임등록번호】)
【1디자인, 복수디자인 여부】
(【디자인의 수】)
(【부분디자인 여부】)
【디자인의 대상이 되는 물품】
【단독디자인, 유사디자인 여부】
【기본디자인의 표시】
　【출원(등록, 참조)번호】
　(【디자인일련번호】)
【창작자】
　【성명】
　【출원인코드】
【우선권주장】
　【출원국명】
　【출원종류】
　【출원번호】
　【출원일자】
　【증명서류】
(【디자인등록출원공개신청】)
(【디자인비밀보장청구】
　【청구이유】
　【청구기간】)
【취지】「디자인보호법」제9조의 규정에 의하여 위와 같이 출원합니다.
　　　　　　　　　　출원인(대리인)　　　(인)
【수수료】
　【기본출원료】　　　　　　　　　　　　　　원
　【가산출원료】　　　　　　개디자인　　　　원
　【디자인등록출원 공개신청료】　개디자인　　원
　【디자인비밀보장청구료】　개디자인　　　　원
　【우선권주장료】　　　　　개디자인　　　　원
　【합계】　　　　　　　　　　　　　　　　　원
　(【감면(면제)사유】)
　【감면(면제)후 수수료】　　　　　　　　　원
【첨부서류】　1. 도면(사진·견본) 1통 (복수디자인등록출원인 경우에는 각 디자인마다 1통)
　　　　　　2. 대리인에 의하여 절차를 밟는 경우 그 대리권을 증명하는 서류 1통
　　　　　　3. 기타 법령에서 정한 증명서류 1통
【제출생략서류】

210mm×297mm
(보존용지(2종) 70g/m²)

图 2.2-2　韩国外观申请无审查请求书

2. 外观设计视图（可选择提供样品或照片）

韩国允许提交的视图形式包括绘制视图、照片视图和计算机辅助制图。此外，韩国还允许提交三维建模文件及视频文件，使用这种形式提交的已经不是单纯的视图，而是可以在计算机中多角度全面观察的 3D 模型文件。

申请人提交的视图可以包含主视图、后视图、左视图、右视图、俯视图、仰视图及立体图，平面产品可提交主视图、后视图。如果产品设计要点以及外观设计的整体结构清晰，申请人可不受上述限制，提交两幅以上的图片即可，并且无需是正投影视图。仅根据六面正投影视图及立体图不能充分、清楚表达产品设计的，可提交展开图、剖视图、放大图、剖面图、使用状态图等参考图。

3. 设计说明

根据韩国《外观设计保护法》第 9 条（2）的规定，申请人提交的设计说明应针对每项外观设计写明使用外观设计的产品、对外观设计的说明和设计要点。

外观设计说明，主要应包括对产品的材质、大小的说明等，其与视图和请求书一同对产品的保护范围起限定作用。

2.2 申请基本流程

韩国根据申请人要求的申请类型采用不同的审查方式——实质审查和无审查，二者专利权效力等同。

1. 实质审查外观设计申请的审查流程

如图 2.2-3 所示，申请人提出实质审查外观设计申请后，首先需通过形式审查，随后启动实质审查程序。形式审查合格后，申请人可请求提前公开其外观设计专利申请。

对于满足实质审查授权条件的，作出注册办登决定，申请人缴费办登后，于外观设计公报公开其申请。

审查时发现申请不满足实质审查授权条件的，审查员发出审查通知书，申请人修改后根据修改情况作出办登决定或者驳回决定。对驳回决定不服可以向知识产权审判院上诉，对知识产权审判院的判决不服的可以向专利法院上诉，对专利法院的判决不服的，可向最高法院上诉。

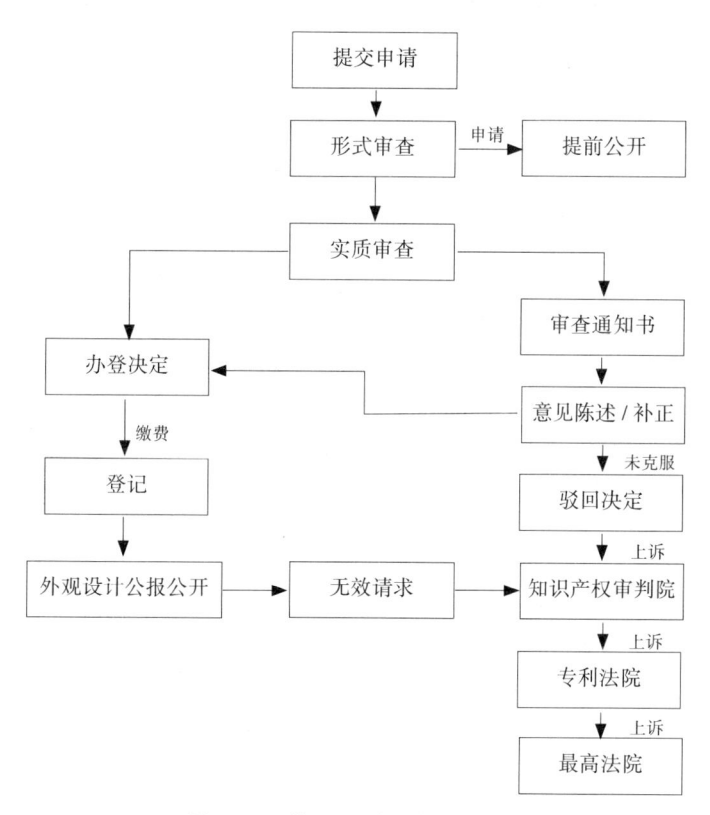

图 2.2-3　韩国外观实质审查流程

2. 无审查外观设计申请的审查流程

如图 2.2-4 所示，申请人提出无审查外观设计申请后，同样需通过形式审查，然后启动无审查的审查程序。

对于满足无审查授权条件的，作出注册办登决定，并在申请人缴费登记后于外观设计公报中公布。由于韩国无审查仅对外观设计申请文件进行基本审查，因此，特别在办登公布后增加异议程序。在异议期内，有异议请求的，对其专利申请作出异议决定。异议决定包括维持决定和撤回决定，针对任一决定，申请人或异议人均可提出上诉。

审查时发现专利申请存在不符合授权条件的，发出审查通知书，申请人修改后根据情况作出注册办登决定或者驳回决定。对驳回决定不服的可以向知识产权审判院上诉，对知识产权审判院的判决不服的可以向专利法院上诉，对专利法院的判决不服的，可以向最高法院上诉。

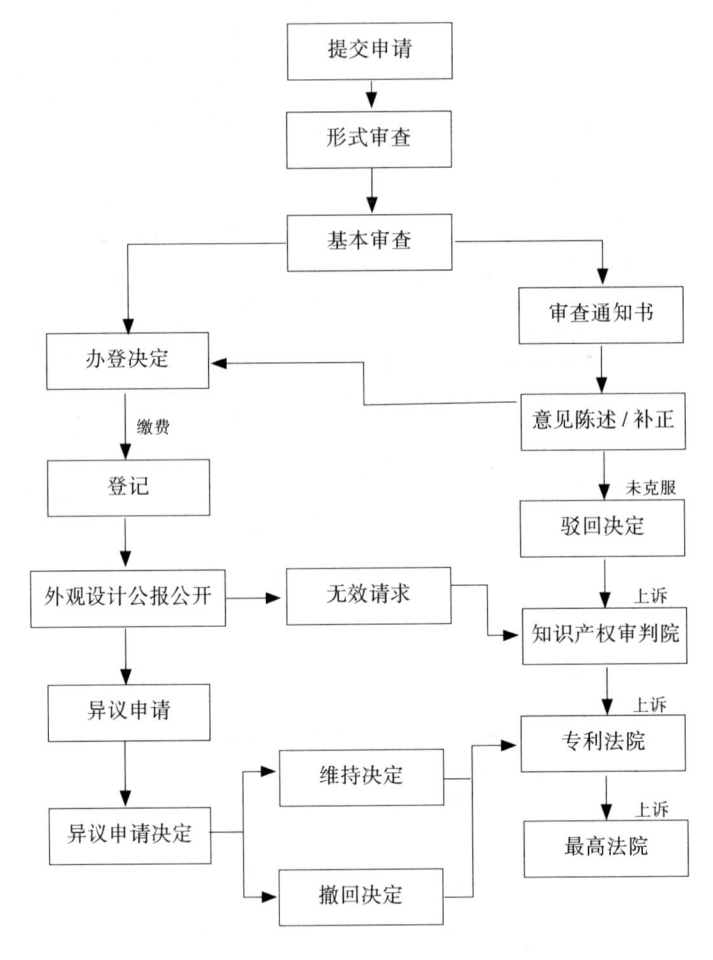

图 2.2-4　韩国外观无审查流程

2.3 期限、费用相关规定

1. 费用

韩国外观设计申请费用如表 2.2-1 所示。

表 2.2-1 韩国外观设计申请费用

说明	费用 / 韩元
申请费	
实质审查申请 1）外观设计申请费（电子申请） 2）外观设计申请费（纸件申请）	94000 104000
无审查申请 1）每件设计申请费（电子申请） 2）每件设计申请费（纸件申请）	45000 55000
审查费	
要求优先权声明，单项优先权收费 　基本费用	18000（电子申请） 20000（纸件申请）
要求复数外观设计申请，单件费用（电子申请） 　基本费用	30000
要求复数外观设计申请，单件费用（纸件申请）	40000
要求优先审查（加快审查）	70000

续 表

说明	费用/韩元
年费	
实质审查 　1）1~3年 　2）4~6年 　3）7~9年 　4）10~12年 　5）13~15年	25000（每年） 35000（每年） 70000（每年） 140000（每年） 210000（每年）
无审查 　1）1~3年 　2）4~6年 　3）7~9年 　4）10~12年 　5）13~15年	25000（每年，单件设计） 35000（每年，单件设计） 70000（每年，单件设计） 140000（每年，单件设计） 210000（每年，单件设计）
其他	
无审查更改为实质审查（电子申请）	18000
无审查更改为实质审查（纸件申请）	28000
要求保密审查，单件设计	18000（电子申请） 20000（纸件申请）
要求延迟公开，单件设计	21000（电子申请） 24000（纸件申请）
请求专利权无效（单件设计）	50000
补正费	4000（电子申请） 24000（纸件申请）
分案申请费用： 　1）若申请分案，单件分案申请（无审查） 　2）若申请分案，单件分案申请（实质审查）（适用于2005年7月1日之后） 外观设计异议费，每项类别或外观设计	10000 25000 50000

2. 期限

1）韩国外观设计专利保护期自加入海牙协定后修改为：自申请日起20年。

2）优先权期限：在别国申请外观专利所获得的在先申请日起6个月内提出。

3）优先权证明文件提交期限：在别国提交申请日起3个月内。

4）不丧失新颖性宽限期：自申请日前6个月内提出。

5）延长期限：允许延长一次，最多30天。

6）异议期：公告日起3个月，并允许在提交请求的30日内修改异议请求的理由和证据。

第三章
印度外观设计专利申请实务

印度外观设计由印度专利商标设计局（CGPDTM）下属的设计部负责注册管理。注册的方式包括通过网上电子注册或向孟买分局、金奈分局、德里分局和加尔各答总局提交相关文件。提交注册后，后续程序将由在加尔各答的外观设计部（Design Office）来负责（如图 2.3-1 所示）。

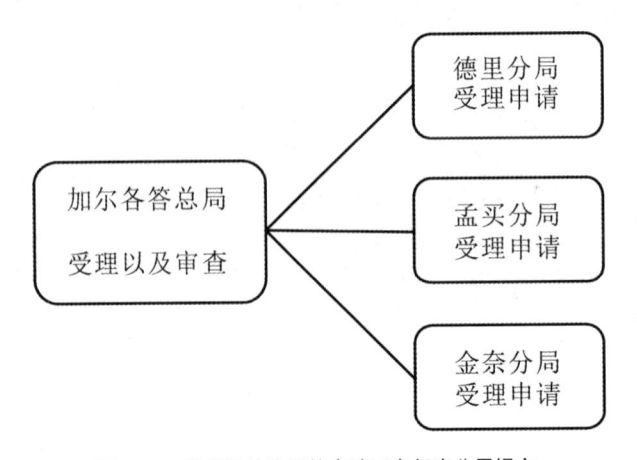

图 2.3-1 外观设计注册的申请可在任意分局提交

3.1 申请需提交的文件

印度外观设计的申请文件包括请求书、外观设计视图、委托书等文件，必要时还需要提交优先权等证明文件。

1. 请求书

印度外观设计局为外观设计的注册应提交的各类文件制定了数个表格模板，如图 2.3-2 所示表格相当于申请文件中的请求书。请求书中需要写明的内容包括申请人全名、地址、国籍、产品名称、分类号以及在印度的送达地址。请求书应由申请人或由其授权的代理人签署。

需要特别注意的是，印度的外观设计注册需要申请人在注册时写明自己所注册产品的分类以及其外观设计所应用的产品（单一产品或多种产品）。外观设计的分类参照第版的洛珈诺分类表。但是印度设计局所使用

```
FORM 1
FEE Rs. 1000                Application for registration of designs.
                                    section 5 and 44
                            You are requested to register the accompanying in

¹Insert number of class     Class No.¹.................. in ..................

²Insert (in full) the name  the name of²
 address and nationality    ..................................................

                            ..................................................

                            .................. who claim(s) to be the proprietor(s)
                            thereof.
³State whether drawings,    Four  exactly  similar³ ..................of  the  design
 photographs, tracings      accompany this request.
 or specimens.
⁴Insert name of article or  The design is to be applied to⁴ ..................
 articles to which the design
 is to be applied or state
                            ..................................................
 trade description of each
                            ..................................................
 of the articles contained in
 the set
⁵Strike out these words if  ⁵The design has been previously registered in Class(es).
 previous registration      .................. Under No.
 has been effected.

                            Details of first application in UK or convention country or group of
                            countries or inter-governmental organisation.
                                (i) Name of country.
                                (i) Official date.
                                (ii) Official number.
⁶Unless an address for      Address for service⁶ in India is -
 service in India in given,
 the request may not be     ..................................................
 considered.
                            Declaration:
                            The applicant claims to be the proprietors of the design and that
                            to the best of his knowledge and belief the design is new or
                            original.
                            Dated this .................. Day of .................. 19
⁷To be signed by the        (Signed)⁷..................................................
 applicant or by autho-
 rised agent.                        TO
                                     THE CONTROLLER OF DESIGNS,
                                     THE PATENT OFFICE, CALCUTTA.
```

* Strike out the words if no previous registration or priority claim has been effected

图 2.3-2 印度外观设计申请文件中的请求书

的洛珈诺分类只是其前31个大类，第32大类的图形符号和标志则被用来包含未能归入前31类的其他产品。对于在一个以上的分类中注册的外观设计，申请人应针对每个分类递交单独的申请。

2. 视图（可选择提供样品或视图）

与请求书一同提交的，还有外观设计视图。虽然外观设计原则要求随请求书递交4份视图副本，但随着申请数字化进程的发展，现在仅需提交一式两份的视图。

根据印度《外观设计实施细则》第14条（1）的规定，所提交视图必须清楚地显示要求保护的产品的外观设计，可采取的方式有：图片、照片、计算机摹图或计算机草图。对于视图的数量虽然没有明确规定，但是原则上均需要提交立体图。关于视图的大小，则满足视图可清晰辨认即可。

对于成套外观设计来说，需要在所提交的套件视图中展现其套件的所有排列方式。外观设计的视图必须用A4标准大小且具有耐久性的纸张，并单面使用。对于设计中带有语言、文字或者数字并非外观设计的设计要素时，不得在视图中包含上述内容。对于表面图案重复的设计，必须用210mm×296.9mm以上尺寸的图片，且需要在视图中显示出单元图案，以及图案的连续方式。同时，对于外观设计视图中包含姓名以及图片的时候，若记录人员还活着，例如在设计中出现了设计者的名字，需要取得本人的同意，若被记录的人员已经去世，需要向其法定代表人取得同意。

3. 授权委托书

外观设计申请可由申请人本人提交，也可由代理人或者律师提交。如果申请人是通过专利代理人或律师提交，则授权委托书应当与请求书同时提交。

4. 其他文件

在申请中，除上述文件之外，还有可能根审查负责人的要求提交证明新颖性以及其他追加文件的情形。

3.2 申请基本流程

1. 注册流程

申请文件提交齐全并缴纳相关费用后，申请即被受理，同时确定申请号和申请日，进入到审查阶段。在印度，外观设计注册申请由设计局的负责人进行审查，负责人类似于中国审查员的角色。同时对于每一案件，还会有审查员负责检索并生成相关报告供负责人参考。印度对外观设计进行的是实质审查，但检索的范围仅限于印度专利局的外观设计库，而不会对公开出版物或全球数据库进行检索。当一件注册申请符合相关法律程序，被受理并注册后，便会被授予注册证书。

若在审查时发现缺陷，负责人则会通过请求书中所填地址与申请人或代理人沟通。申请人需要在 6 个月以内，或所认可的补正期限内向设计局提交补正文件并克服申请中所存在的缺陷。整个外观设计注册过程大约为 8~12 个月。印度外观设计注册流程如图 2.3-3 所示。

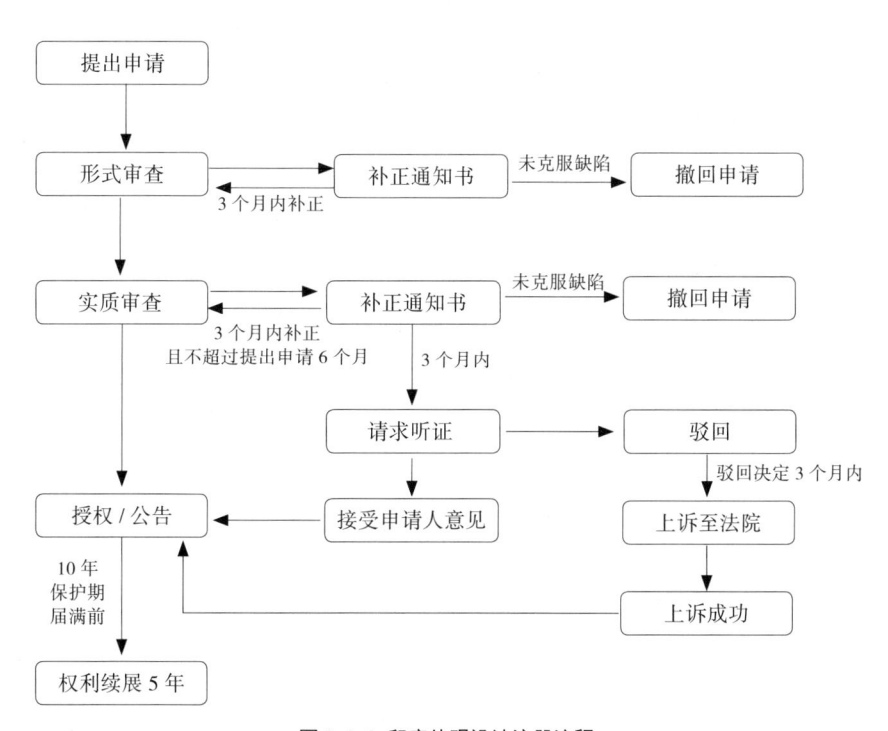

图 2.3-3 印度外观设计注册流程

申请人收到外观设计注册申请的审查结果、带有驳回理由的通知的时候，可以自收到相关通知起3个月内提交意见陈述。同时，对于负责人的决定也有给申请人陈述意见的听证机会。决定举行意见陈述的时候，会在10日以内将审查员认为合理进行的时间通知申请人。申请人在收到该通知书后，应尽快进行答复，告知审查员是否举行听证。同时，如果要进行电话方式沟通的意见陈述，需要在此之前以传真或者电子邮件的方式提交记载了全部必要信息的意见陈述书之后，再举行听证。

在听取申请人的意见陈述后，会根据负责人的判断来作出同意注册或者驳回申请的决定。同时，在申请人不举行意见陈述，且告知审查员不想进行意见陈述的时候，也会以上述的方式作出审查决定。负责人作出的决定后，会将相关判断的理由以及证据一并通知给申请人。

应当注意的是，收到注册申请的审查结果、驳回理由的通知书后，申请人必须在自注册申请提出6个月将所指出缺陷克服。若在6个月内没有将上述缺陷消除，上述申请被视为放弃（类似撤回）。

申请人对负责人所作出驳回决定不服的，可在负责人作出决定3个月内向高等法院提起上诉。

2. 注册的授权

在印度，提交外观设计申请时，若满足新颖性的各项条件，负责人则会批准外观设计的注册。外观设计注册是由负责人所指定的审查员对申请进行审查的，负责人在审查员审查报告的基础上，根据印度设计法来决定是否统一外观设计的注册。在印度，外观设计的注册是按照在各自的分类领域内分别进行的。

3. 对外观设计的标记

印度会在外观设计注册成功后在产品外包装上标注外观设计已经注册（如在产品上标注 [REGISTERED][REGD.][RD.]），否则不予保护。

3.3 期限、费用相关规定

1. 期限

在印度注册成功的外观设计将享有 10 年的外观设计版权保护。版权期限自注册申请日起算。若权利人在版权到期之内提出申请并交纳相关费用，还可享有一次 5 年的版权续展期。

若申请人提出了版权续展请求，但未交纳续展费用而导致外观设计失效的，可在外观设计失效 1 年之内提出恢复该外观设计权利的申请，并交纳相关费用。

2. 费用

根据 2014 年修改的外观设计实施细则的规定，对于自然人申请人或者小型企业所提交的注册外观设计申请，会提供一定的费用减免。所涉及的主要费用如表 2.3-1 所示。费用支付方式可用现金或者网络支付。

表 2.3-1 印度外观设计注册相关费用

费用	自然人 印度/卢比	自然人 人民币/元	小企业法人 印度/卢比	小企业法人 人民币/元	其他企业法人 印度/卢比	其他企业法人 人民币/元
申请费	1000	100	2000	200	4000	400
延期提供优先权证明文件副本	200 卢比/月	20 元/月	400 卢比/月	40 元/月	800 卢比/月	80 元/月
授权登记费	500	50	1000	100	2000	200
10 年后权利续展	2000	200	4000	400	8000	800
因未交费失效的外观设计在 1 年内请求恢复	1000	100	2000	200	4000	400

注：所采用换算汇率为 1 元 ≈ 10 卢比。

第四章
非洲地区工业产权组织外观设计专利申请实务

4.1 外观设计注册基本要求

在非洲地区工业产权组织"哈拉雷协定书"下注册外观设计专利应当确定申请人,提交包含外观设计的复制品,指定要求注册生效的缔约国,缴纳规定的费用。

4.2 外观设计注册基本流程

1)审查部门审查申请是否符合注册的形式要求,如果符合,给予该申请正确的申请日。

2)如果审查部门认为申请不符合注册的形式要求,则告知申请人在规定的时间内进行修改以符合要求。如果申请人未在指定的时间内达到要求,则该申请将不予受理。

3)审查部门将符合形式审查要求的外观设计注册申请告知给各指定的缔约国。

4)如果外观设计注册申请已经在非洲地区工业产权组织已经登记过,但由于以下原因在指定国内不具有效力,在自第3条所述日期6个月内,指定国应当书面通知非洲地区工业产权组织。

①外观设计缺乏新颖性;

②由于外观设计的性质不能被注册或者在指定国国家的法律体系下无

法生效；

③纺织品设计是特殊领域的申请。

5）在上述规定的 6 个月时间后，非洲地区工业产权组织将使该外观设计申请权利在那些没有根据第 3 款规定给予书面通知的指定国内生效，并将公开该外观设计。

6）如果非洲地区工业产权组织驳回了该申请，自被通知驳回申请要求的三个月内，申请人可以依照任意指定国国内的法律向该指定国进行申请。

7）自申请注册满一年，非洲地区工业产权组织将收取年费，部分费用将分给指定的成员国。费用的金额取决于该申请所指定的国家的数量。一旦注册，则在各指定国具有相同的法律效力，或者依照各国的法律具有效力。

8）已经注册的外观设计专利依照各国的法律或者为了公共利益可以实施强制许可。

4.3 非洲地区工业产权组织外观设计相关费用收费标准

非洲地区工业产权组织外观设计相关费用收费标准如表 2.4-1 所示。

表 2.4-1 非洲地区工业产权组织外观设计申请费用

	费种	总计（美元或根据条例 11（3）（a）等值货币）
1	1）纸件申请费	50
	2）电子申请费（包含 20% 费减）	40
2	指定国家指定费（/国）	10
3	注册和登记费	75

续表

费种			总计（美元或根据条例11（3）（a）等值货币）
4	每个指定国年费	第一年	10
		第二年	12
		第三年	14
		第四年	16
		第五年	18
		第六年	20
		第七年	24
		第八年	28
		第九年	32
		第十年	36
5	年费滞纳金		15
6	副本复制费（/页）		2
	超过10页后（/页）		1
7	注册咨询费		2
	超过10页后（/页）		1
8	更正错误费	首次	10
		再次	2.5
9	国家申请转换费		50
10	登记费（包括指定、传送、著录项目变更等）		20

第五章
俄罗斯外观设计专利申请实务

5.1 申请需提交的文件

俄罗斯的一件外观设计专利申请中应包括如下的文件：

1）专利授权请求书，申请颁发外观设计专利证书，并指明外观设计完成人和要求的专利证书持有人，以及他们每个人的住所地或所在地；

2）一套能够完整、详细地呈现产品外形的图片；

3）一份工业品外观设计说明书，即对外观设计的描述；

4）一份外观设计本质特征清单；

5）其他图解资料，如产品全貌图纸、工程图、成型图等，一般情况下并不强制提交，如果这些图对揭示工业品外观设计本质是必需的才需要提交。

包含一份工业品外观设计专利授权请求书、产品全套图片、一份工业品外观设计说明书和一份实质特征清单的工业品外观设计申请到达俄罗斯知识产权执行权利机构的日期，视为工业品外观设计申请的提交日期。如果上述文件没有同时提交，则以最后文件的到达日期视为申请日期。

5.2 申请文件的审查

俄罗斯受理外观设计申请文件后首先进行形式审查，如果形式审查没有问题，再进行实质审查的方式。

1. 形式审查内容

俄罗斯知识产权权力执行机构对收到的外观设计专利申请进行形式审查，即对外观设计申请是否具备必要的申请文件，及这些文件内容是否符合规定要求进行审查，同时确定该申请的主题是否一般地落入法律保护的范围。

审查内容主要包括以下几项

（1）外观设计申请是否符合单一性要求

外观设计申请是否符合单一性要求，主要是指：产品视图及本质特征清单中表示的同一申请中的几项外观设计，必须构成统一创意，并列入国际外观设计分类表同一类别。可以是其中一项设计决定着产品的整体外观，其他设计为在产品使用过程中较为明显的独立部分；或每一项设计都同时决定着产品外观的方案，且均具有相似的美学和/或人类工程学特征。

（2）请求书的填写及受理时对申请文件的要求

请求书的填写是否符合规范，包括外观设计产品名称、申请人信息、设计人信息、代表人信息、附加文件清单、要求优先权声明、签章等。申请文件中语言、份数、术语和符号、视图尺寸、视图编号、视图的文字标注等是否符合行政法规中的基本要求。

（3）视图要求

俄罗斯对外观设计的视图数量没有严格限制，对视图名称也没有明确的要求，但要求视图能够完整、详细地反映产品的外观，并对不同类型产品的视图形式及提交方式作出了规定，如：

1）必须提交能够完整详细代表产品外观设计的视图，或者其他材料，如能够代表外观设计的插图实例，包括图纸、人类工程学示意图或成型图等；

2）能够完整、详细地反映产品外观的视图可以是照片图、线条图，其中可以为电脑视图或其他方式制作的翻印、复制品；

3）申请中应该包含一定数量能够从不同角度详细反映产品全貌的视图（如从前、左、右、后、上、下面）；

4）缝纫工业品应该充分表示前后面；

5）平面外观设计应充分表示一个面；

6）带单元花纹图案的平面纺织品外观设计的视图应当呈现重复单元；

7）成套产品应当提交完整的反映整体外观的视图，除此之外，还需补充每个单件的三维视图。如果成套产品在技术上不能提交整体反映外观的视图，允许仅提交各单件的细节图；

8）一件产品的一系列外观设计应该提交每个外观设计必须视角的成套视图；

9）能够关闭、折叠、变化的产品，如冰箱、电话亭、箱子等，可以提交这些产品在关闭和（或）打开状态的视图；

10）如果外观设计其中的一个本质特征为彩色图示，要求所有的视图均为彩色的；

11）产品视图应该在单一背景中表达，准确、清晰、确定、有代表性、没有多余外来物。允许对与产品本身的外观特征无关的部分进行补充说明，如对产品阴影的说明；

12）允许采用虚线形式反映那些不能确定主要美学和／或人类工程学特征的或者不要求法律保护的产品整体图像或其中部分设计（零件、单元）的外部图像，即外观设计非本质特征。

（4）外观设计的描述

1）外观设计的名称。外观设计名称应简单准确，并且推荐使用国际外观设计分类表中给出的产品表述。如果为成套产品应该在名称中表明。从属于一件产品的多项外观设计在名称中应该指明方案数量，如椅子（3种方案）。从属于产品及其独立部分的多项外观设计，名称中应包含整体产品名称及指明方案数量，并说明其独立部分的名称及指明方案数量。外观设计名称中不能使用个人姓名、缩写、其他语言符号等不能用于说明从属于外观设计的用途的字样。

2）外观设计的用途及使用范围。外观设计的用途及使用范围，用于结合视图及外观设计本质特征，便于在形式审查阶段确定外观设计的类别，并且可以在实质审查过程中更改。

3）产品视图清单及其他能够反映外观设计本质特征的其他提交材料。

4）说明外观设计本质特征。说明外观设计本质特征非常重要，可以从以下方面理解。外观设计是运用在艺术设计制品领域内体现智力活动的成果。设计师的艺术设计决策决定产品的外观，并表现产品外观特征上。决定和表现外观设计的特征分为本质特征和非本质特征。

说明外观设计的本质特征，其本质特征的总和体现外观设计实质。外观设计的本质特征包括决定产品美学和（或）人类工程学特点的特征，包括形状、轮廓、图案、颜色组合。线条、轮廓、产品装饰、产品材料的纹理或表面特征和（或）装饰图案都能可以成为外观设计的本质特征。产品外观的本质特征能保持显著的视觉影响。非产品外观本质特征不会引起显著视觉影响。对外观设计本质特征的描述能够将申请与其他现有相近设计区分开来。因此，本质特征决定外观设计是否具有新颖性和独创性。

（5）外观设计本质特征清单

俄罗斯《专利法》中规定外观设计智力权利的保护根据其专利证书提供，保护范围根据专利证书中反映在产品图案的和外观设计本质要件清单中列举的本质要件的总和决定。也就是说，保护范围根据产品视图及与视图相适应的反映产品本质特征的总和确定。这也就说明了外观设计本质特征清单的重要性。如果外观设计在本质特征清单中体现的本质特征具有新颖性和独创性，则外观设计受到法律保护。

（6）其他能够说明产品本质特征的图解资料

其他图解资料包括平面图纸、人类工程学图纸、素描图等和产品原型或模型等。

另外，形式审查还包括外观设计申请附加文件的审查：

1）费用相关文件。外观设计申请书应附具证明已经按规定数额缴纳专利费的凭证，或者附具证明免交、减免或缓交专利费理由的文件。

2）要求公约优先权的复印件。申请人如希望对外观设计申请享有公约优先权，应在向《巴黎公约》缔约国第一次提出外观设计申请的日期（在先申请申请日）确定后的6个月内向联邦知识产权执行权力机构提出申请。如果由于申请人意志以外的情况不能在上述期限内提交申请，则该期限可以由联邦知识产权执行权力机构延长，延长时间不超过2个月。申请人应在提出外观设计申请之日起的2个月内对外观设计专利申请享有公约优先权的情况通知联邦知识产权执行权力机构，并在向联邦机关提出公约优先权申请之日起的3个月内向上述联邦机关提交经过认证的第一次申请（在先申请）的申请文件的复印件。如果在先申请不止一个，应在向联邦机关提出公约优先权申请之日起的3个月内向上述联邦机关提交经过认证的所有在先申请的复印件。

综上所述，如果申请中包含所有必要的文件并且符合要求，申请人将在提交申请之日2个月期限内收到关于形式审查肯定结果的通知书。

2. 实质审查内容

如果形式审查的结果是肯定的,则对外观设计专利申请进行实质审查,实质审查主要针对申请专利的外观设计是否符合法典中规定的专利能力条件。审查内容包括以下几项。

1）外观设计优先权。同一申请人向俄罗斯知识产权执行权力机构提出的在先外观设计申请，如果未被撤回或视为撤回，可以要求在先申请的优先权，要求优先权的的申请书须于在先申请申请书提交之日起的6个月内提交。

2）外观设计本质特征清单。

3）外观设计申请文件的修改及补充材料。

在有关机关对外观设计的专利申请作出颁发或拒绝颁发专利证书的决定之前（即驳回之前），申请人均有权对专利申请书进行修改和说明，并提交补充材料，但这些修改和说明不得改变申请专利的外观设计的实质。

补充材料如果含有应列入外观设计本质特征清单但在原申请提交当日

的产品图片中没有反应的特征，则补充材料视为变更申请专利的外观设计的实质。

如果申请文件的修改是申请人在申请提交之日起2个月内主动提出的，则对修改不缴纳费用。

4）在对外观设计申请作出授权、失效或撤回申请的决定中以信息检索结果为基础，核实代表外观设计申请的产品视图是否符合法典、行政法规中规定能够授予专利权资格的要求。

5）是否符合外观设计的专利能力条件。如果外观设计在其本质特征方面具有新颖性和独创性，则外观设计受到法律保护。外观设计是对工业产品外观设计的艺术解决方案。外观设计并非像发明或是实用新型那样，由技术性解决方案构成，而是由工业产品的艺术设计解决方案构成。外观设计的必要特征是新颖性、独创性，即其本质特征决定了产品美学和或人类工程学特性的新颖性、独创性。

如果外观设计反映在产品视图中的本质特征和外观设计本质特征清单中列举的本质特征的总和是直至其最早的优先权之日之前在世界范围内的信息所没有公开的，则外观设计具有新颖性。在确定外观设计的新颖性时，还需要考虑在其更早优先权的条件下其他人在俄罗斯联邦提出的外观设计的专利申请。

由于外观设计的保护范围是根据专利证书中反映在产品视图的和外观设计本质特征清单中列举的本质特征的总和决定。正确描述外观设计的本质特征也就影响了对外观设计新颖性和独创性的判断。例如，外观设计特征没有产生能够区别本申请与现有设计的视觉影响，或对产品外观视觉影响只产生细微差异，则该外观设计特征属于非本质特征。

5.3 申请基本流程

俄罗斯外观设计专利申请由享有专利权的人（申请人）向俄罗斯知识产权执行权力机构提出。外观设计申请在受理并注册后，自收到申请之日起 2 个月内首先进行形式审查；如果存在问题，向申请人问询，申请人如果没有答复，则下发认定申请撤回的决定；如果申请人答复则继续进行形式审查；如果形式审查没有问题，则下发形式审查通过的通知书，进行实质审查。实质审查中如果存在问题，向申请人问询；如果申请人没有答复，下发认定申请撤回的决定；如果申请人答复，继续进行实质审查；如果实质审查不存在问题，则作出授权决定，予以国家注册、授权，并出版公告。如果对申请的实质审查证实了该外观设计的专利性，则作出授权决定，授予其专利，并将外观设计列入《俄罗斯联邦外观设计国家登记簿》，颁发外观设计的专利证书。如果该外观设计不满足专利能力的条件，将作出驳回申请决定。申请人可以在收到驳回申请或认定申请撤回决定之日起 6 个月内向专利纠纷院提出异议。专利纠纷院将重新对上述审查决定进行裁决。如果申请人对专利纠纷院的裁决不服，有权在收到该裁决之日起 6 个月内将申诉委员会作为被告起诉到高等专利法庭。高等专利法庭的裁决为终局裁决。

俄罗斯外观设计专利基本申请流程如图 2.5-1 所示。

俄罗斯外观设计专利权的有效期，在符合和遵守俄罗斯法典规定要求的条件下，自向俄罗斯知识产权执行权力机构提出最初的专利申请之日起计算，外观设计为 15 年。专利证书所证明的专属权，只有在外观设计进行国家注册并颁发专利证书之后才能受到保护。外观设计专属权和证明此项权利的专利证书的有效期可以由俄罗斯知识产权执行权力机构根据专利权人的请求延长，但延长期限不得超过 10 年。

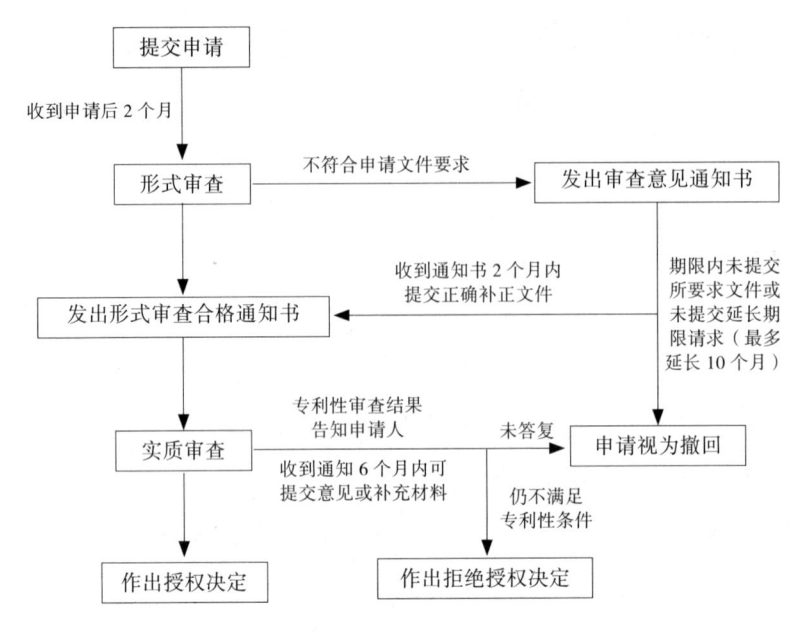

图 2.5-1 俄罗斯外观设计专利基本申请流程

对于授权后的外观设计专利，如果存在下述的问题：①未满足专利性条件；②在其获的授权的外观设计本质特征清单中存在该专利申请交之日产品视图中所不存在的特征；③对具有同一优先权的多件外观设计申请授予专利权；④专利证书中错误地记载了创造人或专利权人的姓名，则在其专利的有效期内，任何人均有权针对该专利向专利纠纷院请求异议、全部或部分无效。

第六章
欧盟外观设计专利申请实务

6.1 申请需提交的文件

1. 请求书

欧盟外观设计申请的请求书没有固定的格式，请求书中必须包含如下内容：

1）申请人的详细信息，如姓名、地址、国籍及其居所、所在地或者机构等。

2）代理人的信息。非欧盟成员国的申请人需要指定代理人。仅以下情况申请人不需要代理：在欧盟内有居住地或商业上的主要办事机构，或真实有效的工业、商业营业地。

能代理外观设计申请的人范围比较广，可以是律师、商标代理人、专利代理人。在代理申请过程中可以不要授权委托书，但如果是雇员代理公司办理申请则要授权委托书。

3）设计人信息，或者请求不公布设计人的声明。

4）外观设计的产品名称。产品名称应清晰表明产品的属性，并且使得它们能够被分入洛迦诺分类中的某一类别。这一规定是基于产品名称将用于检索，因此需要其规范化、标准化，申请人可以通过欧盟建立的产品名称数据库进行查找。

5）声明优先权的信息。

6）声明展会优先权的信息。

7）指定第二语言。申请人可以使用欧盟22种官方语言任何一种作为申请语言，并且必须从5种欧盟官方工作语言（西班牙语、德语、法语、英语、意大利语）中指定一种作为第二语言。第二语言不能与第一语言相同。

在审查程序中，欧洲内部市场协调局将使用申请语言进行书面交流。如果申请语言不是 5 种官方语言的，欧洲内部市场协调局将使用第二语言与申请人进行书面交流。

8）要求延期公布的声明。

9）提交样品的声明。

10）提交产品说明的声明。

11）签名（必须由申请人或者其代理人签字，必须写明签名人的姓名和职权）。

2. 外观设计视图

（1）视图数量

提交的图片最少为 1 幅，最多包含 7 幅不同的视图，提交 7 副以上视图的，对于超出部分，审查员在注册和公布时将不予考虑。审查员按照申请人对视图所做编号的顺序选取视图，无须通知申请人。如果申请人提交的视图超过 7 幅，而且没有对视图编号，审查员将要求申请人对视图编号，并选取前 7 幅视图进行审查。

（2）视图形式

无特别规定，可以是绘制视图、照片视图、计算机辅助制图等。

（3）视图具体内容

可以为正投影视图、立体图、剖视图或者透视图。对阴影线、虚线、有无色彩均没有规定，仅要求视图能够清楚表达要求保护的外观设计的所有特征。欧盟规定一般情况下，如果视图有色彩，注册和公告也有色彩。但是，另外规定在黑白视图中可以使用色彩来强调要求保护的局部设计特征，这里的色彩并非外观设计的色彩的要素。

（4）视图背景

视图背景应当单一，不能显示与外观设计无关的内容。若在图片中使用附加材料（如人体）来说明外观设计用途和尺寸，应确保附加材料能够明确地被判断出不构成外观设计的一部分。例如，泳帽可以用人头带着泳帽的方式申请，能够明确地判断人的头部不构成外观设计的一部分。

纸质申请视图基本要求：采用纸张提交的图片，应使用 A4 不透明纸，使用空间不得大于 26.2cm × 17cm，左边至少要留 2.5cm 的边空，每页顶部标注页码，图形不能用墨水或涂改液修改，纸张不可折叠或装订。

3. 视图提交形式

（1）部分外观设计的视图形式

1）不保护部分用虚线表示，要求保护部分用实线表示，如图 2.6-1 所示。

2）将要保护的部分圈起来，其余是不要求保护的部分，如图 2.6-2 所示。

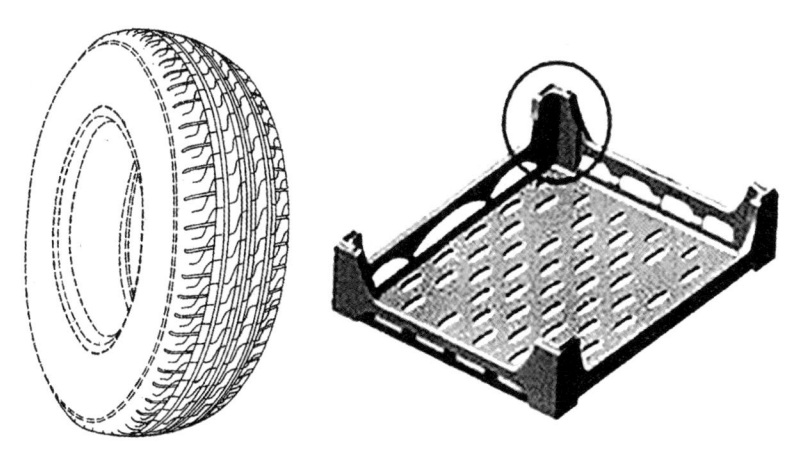

图 2.6-1 欧盟部分外观设计 1　　　图 2.6-2 欧盟部分外观设计 2

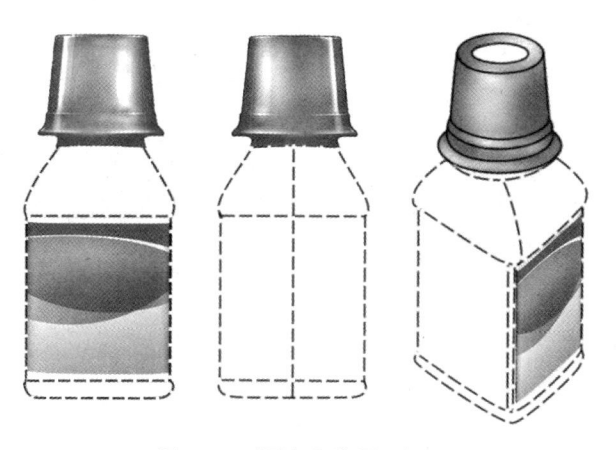

图 2.6-3 欧盟部分外观设计 3

3）在黑白图片上用彩色表示要求保护的部分，其余虚线部分是不要求保护的部分，如图 2.6-3 所示。

4）在模糊的彩色背景中突出显示要求保护的部分，其余部分是不要求保护的部分，如图 2.6-4 所示。

(a)   (b)

图 2.6-4 欧盟部分外观设计

（2）图形用户界面设计的视图形式

欧洲外观设计将图形用户界面视为独立的设计，要求图形用户界面设计必须完整且清晰，与设计无关部分不应留在图像界面上。不要求在图中以实线或虚线的方式表示界面所实施的产品载体。如图 2.6-5 所示。

(a)   (b)

图 2.6-5 欧盟图形用户界面设计

（3）成套产品的视图形式

作为一项外观设计提出的成套产品的外观设计必须表示在同一幅图中，如图2.6-6所示，并且图幅数不得超过7幅。如果将不同的套件分别表示，则会被作为复数外观设计申请。

图2.6-6 欧盟成套产品外观设计申请

（4）复数外观设计的视图形式

复数外观设计申请指的是同一大类的多项设计合案申请。以申请号加上"-0001""-0002"的方式区分各项设计。特别的，含装饰性的贴纸等产品与使用该图案的器具可以不受同一大类的限制进行合案申请。例如图2.6-7，共含有4项设计，碗侧面的图案分类号为32-00，碗本身分类号为07-01。

申请号：000410519-0001

申请号：000410519-0002

申请号：000410519-0003

申请号：000410519-0004

图 2.6-7 欧盟复数外观设计申请

（5）带有重复单元图案视图形式

如果申请注册的外观设计包含重复的表面图案，外观设计的视图必须显示完整的图案和足够比例的重复表面，即，单元图案应当大于一个。

（6）印刷字体视图形式

如果申请注册的外观设计中包含印刷字体，外观设计图片或照片应表达清楚要求保护的字母及其大小写、阿拉伯数字等。在形式上，要求在规范的字体大小和行间距下，具有 5 行印刷字体文字，具体文字内容不限。

4. 产品设计说明

产品设计说明用来解释外观设计的视图或者样品，应当不超过 100 字。产品设计说明中应当包含产品名称、产品的用途等，不是必须提交的文件。若提交应当在申请时提出，不接受申请日以后提交的产品设计说明。产品设计说明中不能包含任何涉及到未显示在外观设计的视图或者样品中的特征，不能包含任何旨在阐述新颖性、独特性或者功能性的表述。产品设计说明仅作为申请文件存档，不会公告。

5. 外观设计样品

如果申请的客体为二维的平面产品设计，且该申请中包含延期公告请求，则应当以样品代替外观设计的图片或照片。提交样品的申请需要用挂号信寄送，或者直接交到申请办公室，申请书与样本同时提交，样本的规格不超过 26.2cm×17 cm，重量不超过 50g，厚度不超过 3mm。样本要易于保存、勿折叠。样品应当一式五份。

6. 在 EUIPO 数据库中检索到的外观设计专利文献举例

如图 2.6-8（a）~（c）所示为 EUIPO 数据库中的外观设计专利文献网页截图。

(a)

图 2.6-8 EUIPO 数据库中的外观设计专利文献

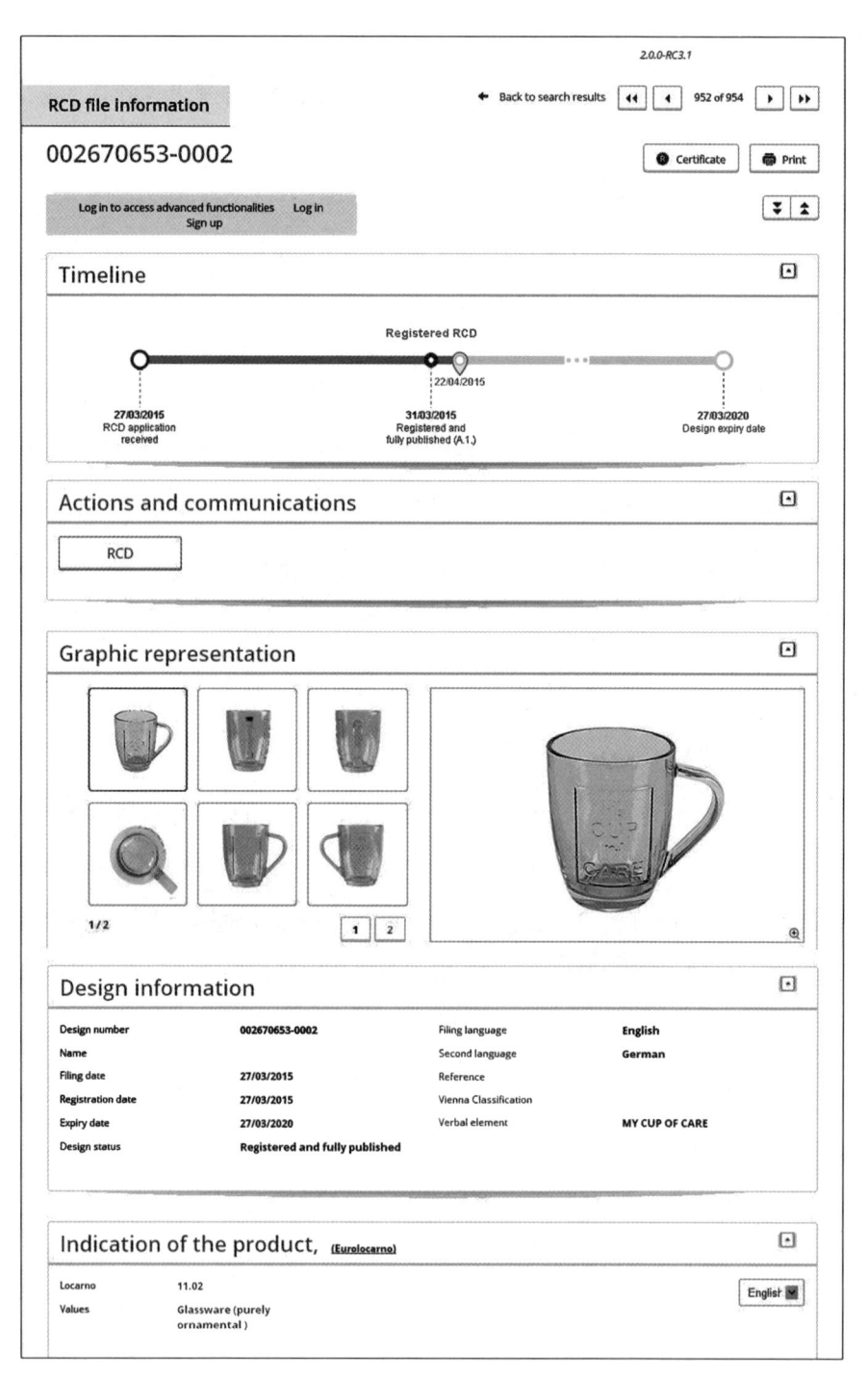

Owners

Shanghai Sincere Home Design Co; Ltd. vCard

ID	637213	Country	CN - China	Correspondence address	Can be accessed and changed by authorised user via the User Area
Organisation	Shanghai Sincere Home Design Co; Ltd.	State/county	n/a	Shanghai Sincere Home Design Co; Ltd.	
		Town	Shanghai	Building No #4 509 Street, Ren Qing RD	Can be accessed and changed by authorised user via the User Area
Legal status	Legal Entity	Post code	P.C. 20120	Shanghai P.C. 201201 Pu Dong REPÚBLICA POPULAR DE CHINA	
		Address	Building No #4 509 Street, Ren Qing RD		Can be accessed and changed by authorised user via the User Area

Representatives

OTELLO LAWFIRM vCard

ID	41404	Country	DK - Denmark	Correspondence address	00 45-70228868
Organisation	n/a	State/county	n/a	OTELLO LAWFIRM Engdahlsvej 12a	
Legal status	Legal Person	Town	Herning	DK-7400 Herning DINAMARCA	00 45-70228869
Type	Association	Post code	7400		
		Address	Engdahlsvej 12a		mk@otello.dk

Designers

Show 10 entries

Name	Idno
Lisa Markfoged	149879

Showing 1 to 1 of 1 entries

Exhibition priority

No entry

Priority

No entry

Publications

Show 10 entries

Bulletin number	Date	Section	Description
2015/061	31/03/2015	A.1	Applications published under Articles 48 and 50 CDR

Showing 1 to 1 of 1 entries

（b）

图 2.6-8 EUIPO 数据库中的外观设计专利文献（续）

（c）

图 2.6-8 EUIPO 数据库中的外观设计专利文献（续）

6.2 申请基本流程

1. 提交方式

申请人可以通过三个途径递交申请：一是单独向欧盟各成员国的主管局递交，二是通过《海牙协定》递交国际外观设计注册、并选择和指定欧盟提供保护，三是向设立在西班牙阿利坎特市的欧洲知识产权局（EUIPO）递交注册外观设计。

具体的递交形式，可以采用邮寄快递纸件文件、传真纸件文件或通过电子客户端进行提交。通过传真方式递交的，审查员会在申请日后一个月内等待申请人提交确认稿，一个月期限届满后审查员将对现有申请文件进行审查。目前，绝大部分申请均为通过电子客户端递交。

2. 申请日的确定

如果申请人选择向成员国的国家局或者比荷卢知识产权局提交申请，而申请在该局收到日后两个月内到达 EUIPO，则接收局的收到日为申请日。如果申请在超出收到日两个月后到达 EUIPO，则申请到达 EUIPO 日为申请日。

如果申请要件存在可弥补的缺陷，且申请人遵照要求在指定期限内补正，EUIPO 可以将补正日作为申请日。因此申请时应当尽量确保外观设计不存在缺陷，以免被重新确定申请日。但是，若申请人通过补正方式仅仅删除了某一外观设计的一部分视图，则保留原申请日，不对此种情况重新确定申请日。如果缺陷在指定期限内未补正，该申请不予注册。

对于以传真方式提交的申请，EUIPO 在确定申请日时，分为两种情况：①如果缺陷属于"以传真方式提交的外观设计图片质量无法使要求保护的外观设计的所有细节清晰可辨"的情况，审查员将以最初的传真收到日为申请日；②如果缺陷属于"收到的文件不完整或（和）难以辨认"的情况，审查员将以确认件收到日为申请日。

3. 对视图缺陷的处理

审查员将针对视图缺陷给申请人发送通知书，如图幅数超过 7 幅且申请人未对视图进行编号、同一设计的视图表达的内容不一致等。如果未在规定期限内克服缺陷，审查员作出驳回申请的决定。

如果提供的视图超过 7 幅并且有编号，审查员将按照视图编号的顺序选取视图，在注册和公告时删除多余的视图。

4. 审查流程

审查包括形式方面的审查和对视图的审查。对符合要求的进行注册。注册后根据申请人的请求公告或延迟公告。

申请的审查流程如图 2.6-9 所示。

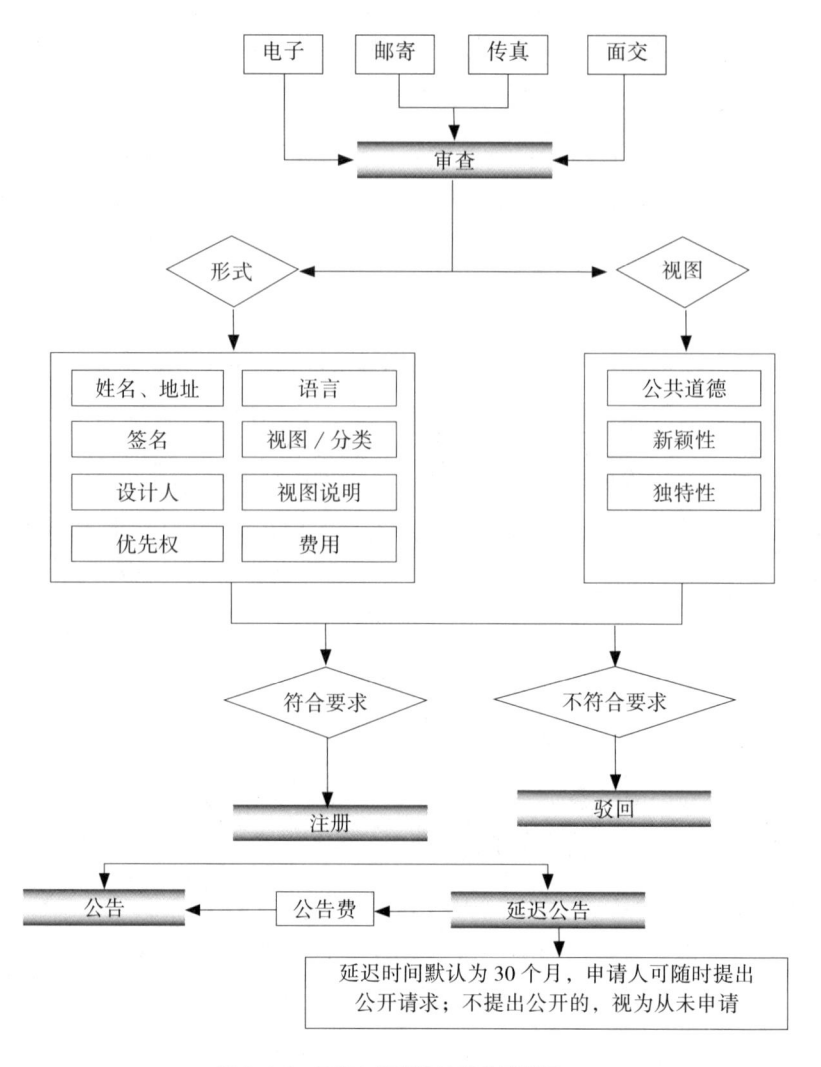

图 2.6-9　EUIPO 外观设计审查流程图

EUIPO 审查周期短，一方面是得益于其注册制的审查制度，审查要件少，条件宽，审查花费的时间和由于申请不符合要求而花费的时间相对较少；另一方面，EUIPO 的电子化程度高，程序简单，使得一项外观设计注册申请能很快获得授权。

6.3 期限、费用相关规定

1. 期限

1）答复期限。补正通知书的答复期限为2个月。

2）保护期限。非注册式外观设计保护期限为3年，从该外观设计首次在欧盟境内为公众所知之日起，自动获得保护。注册式外观设计专利保护期限自申请日起5年，权利人可以每五年续展一次保护期，最多可续展4次，保护期限自申请日起最长不超25年。

3）延迟公布期限。申请人可以要求EUIPO从申请日起延迟至最长30个月再公布其外观设计。

4）宽限期。一件新产品在欧盟境内商业化公开后的12个月内进行注册式外观设计专利申请，不丧失其新颖性宽限期。

5）展会优先权期限。在申请日前6个月内，申请人在政府主办或者承认的国际展览会上公开了结合或者应用该外观设计的产品，可以将该公开日视为在EUIPO的申请日。

6）在先申请优先权期限。申请人可以享有6个月的优先权。要求优先权的，应指明在先申请号，在申请日后3个月内提交在先申请副本。在申请之后主张优先权的，应在申请日后1个月内提交主张优先权声明，说明在先申请的日期、国别，并在优先权主张后3个月内，提交在先申请的副本。如果原件中外观设计的图片或照片是彩色的，副本中也应当是彩色的。如果在先申请使用的不是欧盟商标局的5种官方语言之一，审查员可以要求在两个月内提供成任何一种官方语言的译文。

值得注意的是，欧盟申请虽然可以在申请日后主张优先权，但是其在先申请日的最早期限并不能从申请日起算，而是应当按在提出优先权主张之日前6个月内计算。因此，建议在提交申请时即要求优先权，可以避免在先申请日超出期限而丧失优先权。

2. 费用

欧盟的外观设计费用如表 2.6-1 所示。

表 2.6-1 欧盟外观设计申请费用

单位：欧元

	1 项外观设计	第 2~10 项外观设计，每项外观设计	第 11~100 项外观设计，每项外观设计
注册费	230	115	50
公布费	120	60	30
延迟公布费	40	20	10
第一次续期	90		
第二次续期	120		
第三次续期	150		
第四次续期	180		

注：注册费和公布费必须在提交申请时同时缴纳。

3. 续展费用与期限

应在保护期届满当月最后一日之前的 6 个月内提交续展申请并支付续展费。如未能采取前述行为，可以在前述规定的日期之后 6 个月内提交续展申请并支付续展费，但是必须在延长期内支付额外费用。续展期从现有注册期届满之日起生效。

6.4 申请文件的修改

根据《欧盟外观设计保护条例》和《欧盟外观设计实施条例》的规定，申请人在提出共同体外观设计注册申请后，一般不允许主动修改，仅申请人或代理人的姓名和地址，书写或者复印错误以及明显错误可以应申请人的请求进行更正。如果审查员发现有可以修改的缺陷，将通过发送通知书给予申请人 2 个月的时间期限克服缺陷。

1. 可修改文件和修改判断基础

一般来说，申请日之后提交的产品设计说明不能被接受，视图的修改一般也是不允许的，可修改的文件为不会影响外观设计的保护范围的文件，例如产品的说明、用途和分类、其他形式文件。申请日提交的视图是超范围判断的基础。

2. 修改原则

欧盟注册外观设计制度的注册周期非常短，平均注册周期约为 6 周。一般不允许申请人主动修改，同时审查员不对注册外观设计进行实质审查，所以申请人应审查员要求修改的情况也比较少。《欧盟外观设计实施条例》第 11 条要求对外观设计的修改应当在保持外观设计同一性的前提下进行。一旦修改超范围后，就得重新确定申请日。总体来说，EUIPO 对于修改超范围的认定较为严格，对外观设计的修改是否保持外观设计的同一性，是判断修改是否超范围的原则。

3. 是否超范围的判断标准

（1）产品名称（涉及用途）的修改

修改产品名称可能会导致产品类别发生变化，产品类别对保护范围没有影响，对产品名称的修改不会导致超范围的问题。对产品名称的修改主要有以下几种情况。

1）当申请人未填写产品名称，但是该名称能够从产品设计说明中判断出来的时候，审查员可以依职权增加。

2）如果申请人填写的产品名称不够准确，不能从欧洲洛迦诺分类表中找到，也不能在 EUIPO 的内部数据库中找到的话，审查员可以依职权进行修改。

3）如果申请人未填写产品名称且不能从申请文件中判断出产品名称，或者填写的产品名称不能清楚表明产品，无法进行分类的情况下，审查员向申请人或者其代表人发出通知书，要求其进行修改。

4）如果申请人填写的产品名称与视图内容不一致，申请人可以对产品名称进行修改。例如申请人提交了产品名称为建筑物的外观设计，所提交的视图为一幅建筑平面图。由于视图表达的内容并不是建筑物本身，因此，该产品名称是不能接受的，但是申请人可以选择将产品名称修改为建筑平面图。

（2）视图的修改

EUIPO外观设计对视图的修改要求比较严格，一般情况下，视图一旦提交不允许修改。EUIPO外观设计对视图的要求较低，审查员只审查外观设计图片或照片是否适合公告，对各视图之间的投影关系是否对应也不做审查。因此，在审查员进行审查的过程中，很少要求申请人对视图进行较大的修改。只有当视图特别不清楚、缺少视图编号等情况下，审查员才发出通知书，要求申请人修改视图。当视图中存在缺陷，申请人提交修改的视图时，不允许视图中出现任何申请日视图中所没有表达出的内容。删除部分视图不属于修改超范围，增加视图是不能被接受的。

（3）产品设计说明的修改

产品设计说明是关于视图或者产品的描述，可以选择性的提交，不接受申请日以后再提交产品设计说明。产品设计说明的内容不公告，审查员对描述的具体内容一般不做审查。除非产品设计说明中存在必须修改的缺陷，例如：描述了视图中没有的特征。

4.修改超范围的处理方式

对视图的修改如果导致修改后的设计与申请日提交的设计不一致，该申请将丧失原申请日，以提交修改后的视图的日期作为新的申请日，或者撤回修改超范围的视图，保留原申请日。

举例来说，如果申请日提交的一个设计中的视图全部或者部分不清楚，无法表明请求保护的对象，是不能获得申请日的，申请人补交清晰视图的日期将被重新确定为申请日；如果仅有部分视图不清楚，申请人也可以选择删除不清楚的视图，仍然以原申请日作为该申请的申请日。如果一个申请中包含有多个设计，在申请日提交的视图中，其中某一个设计的全部视图不清晰，该设计不能保留原申请日，申请人补交清晰视图的日期将被重新确定为申请日；如果仅有部分视图不清楚，申请人也可以选择删除不清楚的视图，仍然以原申请日作为该设计的申请日。

第七章
美国外观设计专利申请实务

7.1 申请需提交的文件

1. 外观设计说明书

美国外观设计专利说明书应当包含以下内容。

1）导言、申请人名称、外观设计的名称、对设计的种类和应用该设计的产品的简述。

外观设计名称：通过产品名称应当能够帮助审查员确定检索领域，给出明确的分类号，帮助公众理解授权后专利的特性和体现该设计的产品的用途。产品名称可以涵盖视图中包括虚线所示的整个产品，但其保护范围仅以实线所绘制的内容为准。另外，当一个设计所应用的产品有多个功能，或者由多个独立的部分组成，或者各部分之间有装配关系，产品名称必须清楚地表明他们是一个整体，例如，××组合、××套、××对、××分段装配等。

2）关于共同设计的声明。对于涉及共同设计的外观设计专利申请，应当在说明书中明确共同的设计声明。

3）对视图的描述。说明书中可以对设计的外形作简单描述，但必须清楚或者正确地描述绘制的视图。还可以包括对要求保护的外观设计中没有在视图中显示的那部分（如与视图已显示的对称或相同的部分）外观的说明；对视图中没有显示的部分内容放弃保护的说明；声明视图中虚线部分的作用，对于要求保护的外观设计的特性和使用的环境的说明。

4）特征描述。申请人认为该外观设计与在先设计相比具有新颖性或创造性的特征。即权利要求所指范围有可能大于或等于"特征"声明，"特征"是对权利要求的进一步限制。

5）一项权利要求。权利要求必须规范，通常情况下，规范描述的方式为"The ornamental design for ____as shown."（一种如图所示的××的装饰性设计）。权利要求中的产品应该和产品名称一致。如果说明书中包含特征描述或其他描述性语言，则必须在权利要求中添加"and described"，例如"The ornamental design for ____as shown and described."（一种如图所示和描述的××的装饰性设计）。权利要求中不得包含任何没有显示的内容。而权利要求描述的内容并不等于专利权的保护范围，保护范围仍是以显示在图片中的实线表示的外观设计的内容为准。

外观设计说明书样表如图 2.7-1 所示。

I, （申请人姓名）_____ have invented a new design for a（名称）_____
_____ as set forth in the following specification:
FIG. 1 is a _____ view of a _____ showing my new design;
FIG. 2 is a _____ view thereof;
FIG. 3 is a _____ view thereof;
FIG. 4 is a _____ view thereof;
FIG. 5 is a _____ view thereof; and
FIG. 6 is a _____ view thereof.
I claim: The ornamental design for a
_____ as shown.（权利要求）

图 2.7-1 美国外观设计说明书样表

2. 外观设计图片或照片

（1）绘图和黑白照片

美国外观设计一般要求提交绘制视图，通常不接受照片视图，但如果绘制视图无法表明设计或者用照片视图可以表达得更加清楚时，也可接受黑白照片。对于黑白照片视图的要求参照绘制视图，且在一件申请中不允许同时采用照片视图和绘制视图。

（2）彩色视图

若只有彩色视图能够清楚、明确地表达该外观设计，申请人需提交相关陈述，且必须按照规定缴纳一定的费用，提交3份彩色绘图，并在说明书中绘图描述的第1段插入下列表述："The patent or application file contains a least one drawing executed in color."（该专利或申请文件至少包含一个彩色图形）。如果符合相关规定，色彩可以用钢笔或者墨水笔在产品的表面绘上颜色来显示，目前也接受计算机制图。

在美国外观设计专利申请中，只要申请人提交了彩色视图及相关声明，就表明该专利申请请求保护色彩，且认定色彩是要求保护的外观设计的必要部分。如果申请人为了获得较早的申请日而提交了带有色彩的非正式视图，之后可以声明放弃色彩，并通过提交正式的图片代替不规范的彩色照片或者图片，最终以正式视图显示的内容作为权利要求。如果彩色图片不作为正式图片提交，还需要在说明书中写明"The color shown on the claimed design forms no part thereof."（所展示的色彩不是设计的一部分）。

（3）视图提交规范

申请人所提交的视图应当能够充分公开要求保护的外观设计，不得包含不确定的内容。所提交的视图可以包括6面正投影视图，即主视图、后视图、俯视图、仰视图、左视图和右视图。对于立体产品，建议提交立体图。除此之外，根据需要还可提交剖面图、局部放大图等。所提交视图能够清楚、明确地表达产品的外观设计即可，对正投影和投影关系并无严格要求。

关于阴影线的使用，美国外观设计对视图的要求与中国明显不同。美国对外观设计的视图鼓励使用阴影线，只要不降低视图清晰度即可，因为他们认为阴影线可以帮助正确理解发明创造。即使是平面部分也可以使用恰当的阴影线。若视图中缺少恰当的表面阴影可能造成该外观设计权利不确定，则须在立体图中使用阴影。但其中截面图不能使用阴影，也不允许使用纯黑色块表示阴影。阴影线的使用如图2.7-2所示。

虚线表示不要求保护的部分，主要用于公开要求保护的外观设计的相关环境和限定要求保护的外观设计的边界。虚线可以用来表现可见的结构线，但不能用来表现隐藏的或者通过不透明材质不能看到的面。表达不同视图中的同一部分不得同时使用实线和虚线。虚线的使用如图 2.7-3 所示。

3. 誓言或声明

要求申请人必须确认该申请的设计人是该发明的首创者，并对此作出宣誓和签字。

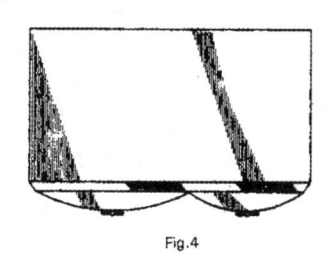

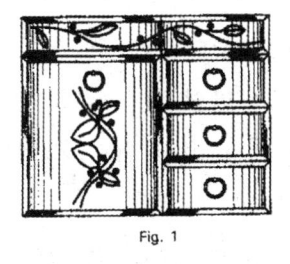

图 2.7-2　带阴影线的外观设计图片

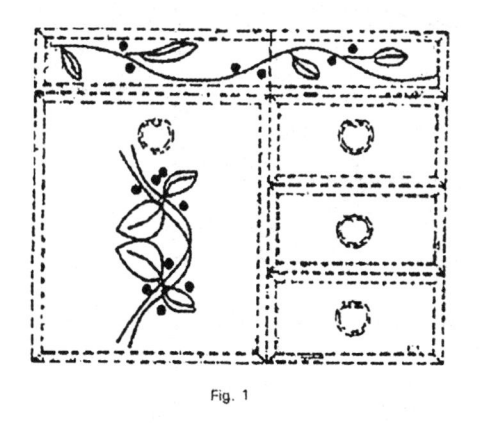

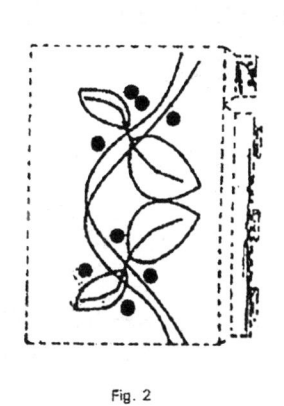

图 2.7-3　带虚线的外观设计图片

7.2 申请基本流程

1. 纸件申请流程

美国外观设计专利申请提交后,首先会按照美国的外观设计分类表进行分类,随后会启动实质审查,实质审查包括对外观设计的检索。对于符合授权条件的申请,作出批准的决定,颁发后在外观设计公报上公告;不符合授权条件的,发出通知书,申请人可以修改或意见陈述,若修改后仍不符合规定的,该申请将予以驳回。对驳回决定不服的,申请人可以提出上诉。对于任何人认为不符合授权条件的外观设计专利,均可以在审查阶段提出公众意见,以及在授权后提出无效等请求。主要流程如图2.7-4所示。

修改方式包括申请人的主动修改和应审查员要求的修改,当申请处于未决定的状态时和授权后都可以对说明书及图片或照片进行修改,但所作的修改不能对发明的公开添加新内容,即不得增加原说明书、图片或者权利要求中无在先依据的内容。

申请人主动修改(初步补正)是在专利局第一次补正通知书发出之前或者当天作出的为专利局所接受的第一次补正,在专利申请的申请日提交的初步补正属于申请的原始信息,初步补正最迟应该在申请提交日之后3个月内提交。

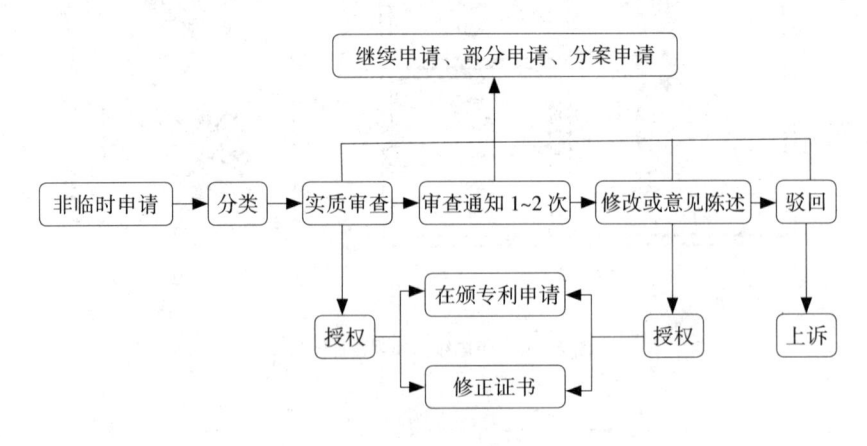

图 2.7-4 美国申请流程

应审查员要求的修改是在审查员发出通知书后，申请人需自通知书发出之日起 2 个月内进行答复，若在规定期限内未答复，则视为撤回申请。

在授权通知寄出后，不允许对申请作出补正，但在符合规定的条件下可以申请再颁布，且当申请处于未决定的状态时还可以提出继续申请、部分继续申请以及分案申请等对专利进行修改、完善。

2. 电子申请流程

（1）申请流程

美国专利商标局网上电子专利申请系统（EFS-WSB）的使用分为注册用户和非注册用户，两者权限不同。例如，只有注册用户可以通过 EFS-WEB 提交后续文件，在提交申请前保存数据（系统可保留未完成的申请资料四天），且只有注册用户通过用户名和电子证书的认证可以获得私钥（Private PAIR），通常在提交申请一小时后，用户就可使用私钥在线检查和追踪其提交的未公告的专利申请。非注册用户的优势在于迅速简便，申请人不用多花费时间在获取电子认证上，但缺点是权限低、功能少，因此这种方式比较适合时间紧迫或不需要使用完整功能的申请人。

选择其中一种方式登录系统后，选择申请种类提交申请，EFS-WEB 会给出 3 个号码：用户名、申请号、确认号。缴费后，系统会发出电子确认通知，确认通知中的收件日可作为申请日。由于确认通知是系统自动生成的，通知中并不会显示申请日，美国专利商标局之后会寄出书面的申请收据，若申请文件符合规定，申请收据中会将确认通知中的收件日作为专利申请日。具体流程如图 2.7-5 所示。

（2）提交格式

EFS-WEB 推荐电子申请文件使用 25MB 以下的 PDF 格式，页面大小为 21.0cm×29.7cm 或 21.6cm×27.9cm，图片建议使用 TIFF、PNG、GIF、BMP 等无损耗格式，分辨率不低于 300dpi。超过百兆的文件可使用 TXT 格式。目前不允许提交多媒体文件（如音频、视频）3D 格式文件（如 CAD 三维制图）多页文件（如 Excel 表格）等格式的文件。申请人和代理

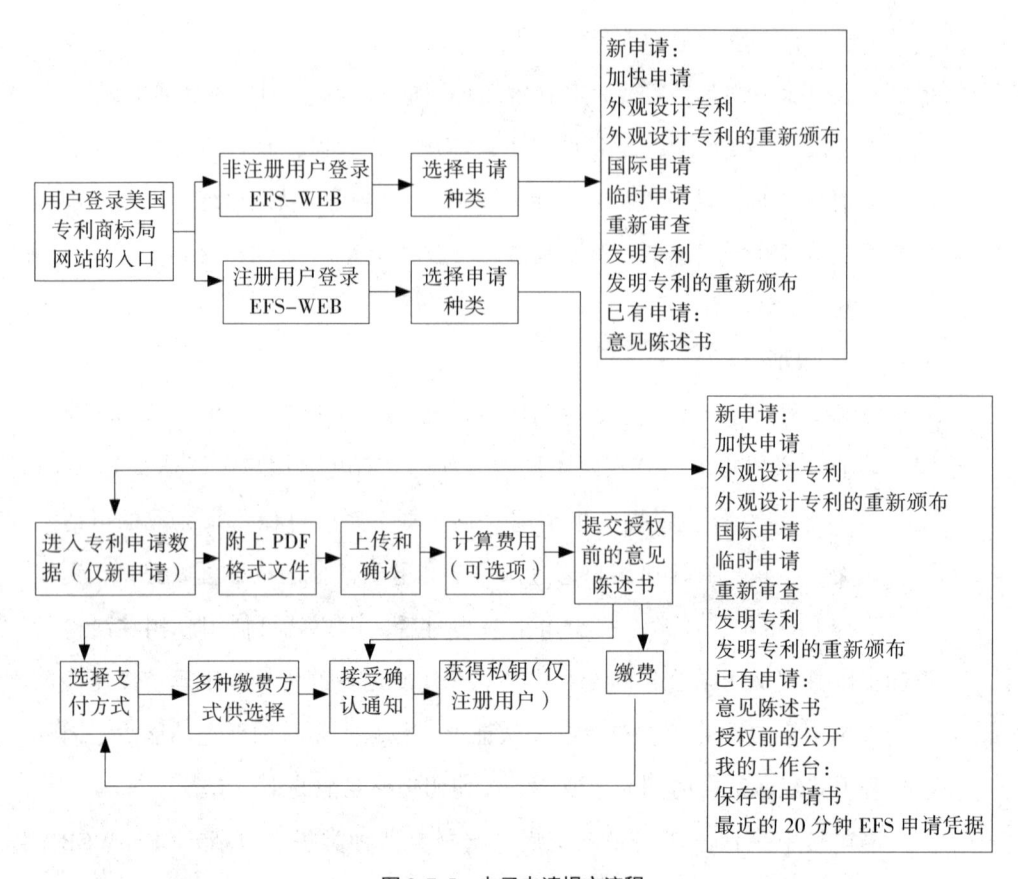

图 2.7-5　电子申请提交流程

人还应注意提交的文件不应加密和携带病毒。在提交申请的 PDF 格式文件时，EFS-WEB 会自动验证文件是否有效，如果文件存在问题，系统会提示申请人作出修改。

3. 公告

专利授权公告日期为每周的周二，网上仅存放最新的 6 期，通过 USPTO 网站（http://www.uspto.gov/web/Patents/patog）可以查询最新的电子版的专利公报。

7.3 期限、费用相关规定

1. 费用

美国外观设计申请的基本费用包括：外观设计申请费（180美元）外观设计审查费（460美元）外观设计检索费（120美元）外观设计出版公告费（560美元），共1320美元与中国不同的是美国外观专利费用中不涉及维持费。通常申请人可以对外观设计申请费用提出费减，根据申请人资格分为小规模实体和微实体，可以要求不同程度的费减。具体费用如表2.7-1所示。

小规模实体（Small Entity）：美国专利制度采用小规模实体制度，申请人如果是独立发明人、非营利团体、或者少于500人的中小型企业，则美国专利局的专利费用减半收取，使用电子申请的小规模实体申请费还可再减半。

微实体（micro entities）：具有微实体资格者，享有规定费用75%的减免。具有微实体资格的申请人，指发明人（非受让人）合乎以下所有条件者：①符合小实体资格；②在低于4件已提出申请的美国专利申请案中列名为发明人；③总收入未达前一年美国平均家庭收入的3倍（即总收入低于约150000美元）；④其专利未曾转让或移转至总收入达前一年美国平均家庭收入的3倍的实体资格者，或者申请人受雇于或者需转让高等教育机构。

表 2.7-1 美国外观设计专利申请相关费用

单位：美元

费用名称	费用	小规模实体费用	微实体费用
专利申请递交费			
外观设计申请费	180.00	90.00	45.00
外观设计申请费（继续申请或分案申请）	180.00	90.00	45.00

续表

费用名称	费用	小规模实体费用	微实体费用
再颁申请费	280.00	140.00	70.00
再颁申请费（继续申请或分案申请）	280.00	140.00	70.00
附加费-逾期申请费、检索费、审查费或声明或誓言费	140.00	70.00	35.00
外观设计纸张过量费-超过100张纸后每增加50张纸的费用	400.00	200.00	100.00
再颁纸张过量费-超过100张纸后每增加50张纸的费用	400.00	200.00	100.00
非英语说明书	140.00	70.00	35.00
专利检索费			
外观设计检索费	120.00	60.00	30.00
再颁检索费	600.00	300.00	150.00
专利审查费			
外观设计审查费	460.00	230.00	115.00
再颁审查费	2160.00	1080.00	540.00
专利颁布费			
外观设计出版费	560.00	280.00	140.00
再颁颁证费	960.00	480.00	240.00
再公开费	300.00	300.00	300.00
专利延长期限费用			
延长答复期限第一个月内	200.00	100.00	50.00
延长答复期限第二个月内	600.00	300.00	150.00

续表

费用名称	费用	小规模实体费用	微实体费用
延长答复期限第三个月内	1400.00	700.00	350.00
延长答复期限第四个月内	2200.00	1100.00	550.00
延长答复期限第五个月内	3000.00	1500.00	750.00
混合专利费			
手续费，临时申请除外	140.00	70.00	35.00
其他公告手续费	130.00	130.00	130.00
请求加快外观设计审查	900.00	450.00	225.00
最终驳回后提交的意见书	840.00	420.00	210.00
发行公布费			
证书更正费	100.00	100.00	100.00
发明人变更费	130.00	130.00	130.00
专利审理和上诉费			
上诉请求	800.00	400.00	200.00
请求口审旁听	1300.00	650.00	325.00
专利请求费			
请求恢复视为放弃的申请	1700.00	850.00	850.00
就专利期调整提出申请	200.00	200.00	200.00
请求恢复被减少的期限	400.00	400.00	400.00
专利延长	1120.00	1120.00	1120.00

续表

费用名称	费用	小规模实体费用	微实体费用
专利服务费			
专利（与植物专利不同）或含彩色附图的 SIR 的彩色副本	25.00	25.00	25.00
国际式检索报告	40.00	40.00	40.00
劳务费，1 小时或不足 1 小时	40.00	40.00	40.00
不完整或不正当申请的手续费	130.00	130.00	130.00

2. 期限

1）外观专利保护期：自授权之日起 15 年。

2）优先权期限：6 个月。

3）不丧失新颖性宽限期：12 个月。

4）通知书答复期限：一般为 2 个月，超过答复期限递交答复的同时需要递交延时费，不需要另外递交延时申请，任何一个答复最长不能超过 6 个月。

5）扩大再颁专利申请：授权后 2 年内。

第八章
海牙外观设计专利申请实务

8.1 提交国际申请的资格

并不是任何人都可以依据《海牙协定》提出国际申请，申请人至少满足下列条件中的一项，才具有提出申请的资格。

1）属于缔约方国家的国民，或系缔约方的政府间组织（如欧洲联盟或非洲知识产权组织）的成员国国民；

2）在缔约方国家的领土内有住所，或在缔约方建立政府间组织条约所适用的领土内有住所；

3）在缔约方国家的领土内，或在缔约方建立政府间组织条约所适用的领土内有真实有效的工商营业所。

除此之外，在缔约方领土内有经常居所也可提交国际申请，但只有1999年文本有此规定。

使申请人满足上述条件的缔约方在1960年文本中被称为"原属国"，在1999年文本中被称为"申请人的缔约方"。

如果申请人在多个缔约方享有权利，"原属国"以及"申请人的缔约方"分别根据1960年文本和1999年文本不同的原则予以确定。

根据1960年文本确定的原属国，是指：

1）申请人在其领域内有真实有效的工商业营业所；

2）如果在该国没有这样的营业所，是指申请人在其领域内有住所；

3）如果在该国既没有营业所也没有住所，是指申请人是其国民。

按照上述逻辑关系，申请人不能自由选择所属国，需要按照营业所、住所、国民的先后顺序确定所属国。

与此相对，1999年文本则允许申请人根据其营业所、住所、惯常居所或国籍自由选择其缔约方。例如，如果申请人A在位于受1999年文本约束的缔约方B境内有营业所，同时在受1999年文本约束的缔约方C境内有住所，并且是受1999年文本约束的缔约方D的国民，则从缔约方B、C、D中，根据申请人在提交国际申请时的说明，确定其缔约方。

具有多重或者独立申请资格的申请人，可以累积这些资格，在更广的范围内获得保护。例如，申请人在位于受1960年文本约束的缔约方A境内有营业所，且其是受1999年文本约束的缔约方B的国民，则他能够指定符合1960年文本和（或）1999年文本规定的所有缔约方。具体如表2.8-1所示。

表2.8-1 《海牙协定》使用文本对比

序号	申请人缔约方所适用文本	指定缔约方所适用文本	适用该指定的文本
1	1999年文本和1960年文本	1960年文本	1960年文本
2	1999年文本和1960年文本	1999年文本和1960年文本	1999年文本
3	申请人缔约国适用1960年文本，但该缔约国是适用1999年文本的政府间组织成员	1999年文本和1960年文本	1999年文本

如果两人或多人（自然人或法人）属于受同一文本约束的缔约方，则其可以联合提交一份国际申请，其所属的缔约方不需要是同一个，每个申请人享有申请权的性质（国籍、住所、经常居所或营业所）也不需要相同。

例如，申请人A在受1999年文本约束的缔约方X境内有营业所，申请人B在受1999年文本约束的缔约方Y领土内有住所，申请人C在受1999年文本约束的缔约方C领土内有经常居所，则这些申请人可以联合提交一份国际申请。

8.2 国际申请的流程

对于当前国际申请的流程，主要分为国际程序和国家程序两部分。

按照相关规定，申请人可直接向国际局提交海牙申请，也可向国家局或地区局提交，由其转交国际局。由国际局进行海牙申请的形式审查、国际注册、国际公布以及后续事项登记。而后由被指定国或地区主管局接收海牙国际注册，并进行国家审查处理。经审查需要驳回的，驳回通知发送给国际局，由国际局转交申请人。经审查不需驳回的，在进行国家公布公告后发出给予保护的声明。海牙申请的流程如图 2.8-1 所示。

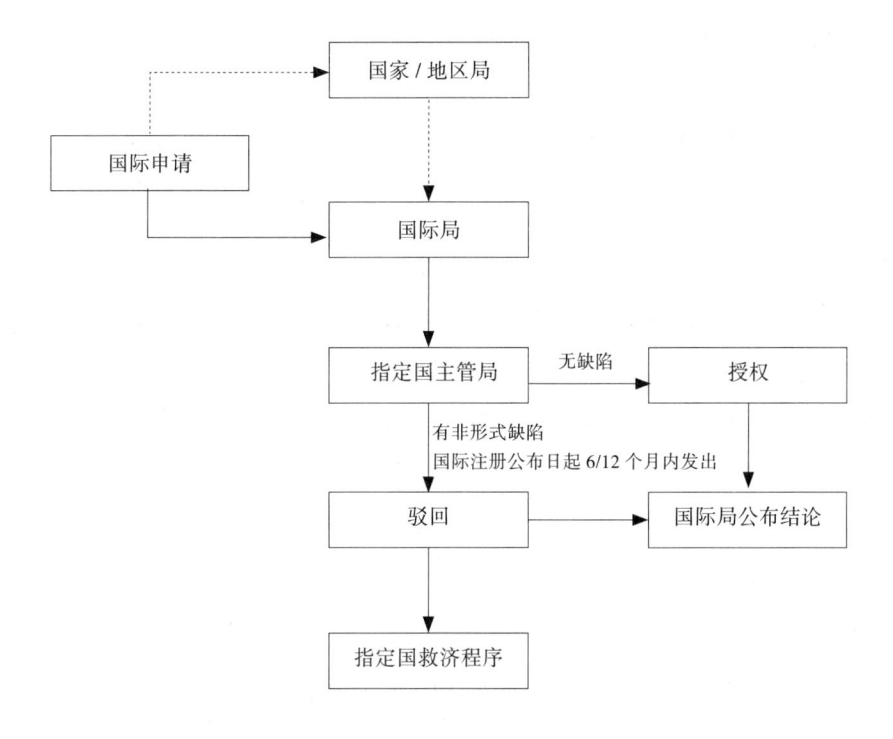

图 2.8-1 海牙申请的流程

8.3 国际申请的语言

国际申请可以采用英语、法语或西班牙语。进行登记和公布所需用的翻译工作由国际局承担，申请人可就主要内容提供参考译文。但是，如果国际申请由主管局转交给国际局，该局可以限制申请人的选择，并要求申请的语言是这三种语言中的一种或两种。

如果国际申请没有采用一种规定的语言，则该国际申请不规范，需要作出更正，申请日将推迟为国际局收到更正的日期。

同时，申请人、注册人或主管局关于国际申请或国际注册致国际局的通信应使用英语、法语或西班牙语，当通信由国际局至申请人、注册人或主管局时，一般使用提交申请时所用的语言，另有声明的除外。

8.4 国际申请的提交方式

国际申请可以用相关正式表格（DM/1 表）向国际局提交，或者通过国际局提供的电子申请（"E-filing"）界面提交。

与以纸质方式提交国际注册申请相比，在线提交国际注册申请具有以下优势：

1）在线提交（E-filing）每天（包括周末）24 小时均可进行；

2）在线提交不需要以传真或邮递的方式发送申请，节省了管理费用和用纸；

3）在线提交可以自动检查某些所需数据，因此减少了提交申请不完整的风险；

4）在线提交允许提交并公布更高品质的复制件；

5）在线提交可以使申请人在提交申请后，获得电子邮件确认；

6）在线提交可以节省费用。因为如果纸质申请中的复制件多于一页，每多一页就需要缴纳 150 瑞士法郎。

DM/1 表内容：

1）申请人基本信息（必填）。

2）申请人提交申请的资格（必填）。即指明申请人所属的缔约方，对纸件申请应写明缔约方全名，对电子申请可在下拉框中选中正式的两字母代码。

3）指明申请人的缔约方。根据 1999 年文本的规定，申请人的缔约方就是申请人获得提交国际申请权利的缔约方。如果在第 2 栏中仅指明了一个适用 1999 年文本的缔约方，该缔约方还必须在第 2 栏中予以指明。另外，如果在第 2 栏中指明了多个适用 1999 年文本的缔约方，应当从这些缔约方中选择一个作为申请人的缔约方。

4）通信地址。

5）代理人的委托。《海牙协定》并没有对在国际局程序中代理人的资格（如执业资格、水平或国籍等）作出任何限制或要求。但是，一项国际申请或国际注册只能委托一个代理人，如果先后指定了多个代理人，则最先指定的为其代理人。

只要在国际申请表第 5 栏中写明代理人的名称和地址，即可在国际申请中委托代理人。要使代理的委托有效，申请人必须在国际申请中签字或者附上代理委托书。

6）工业品外观设计的数量、复制件和 / 或样本（必填）：

①国际申请中所包括的工业品外观设计的总数目（不得超过 100 件）；

②黑白及彩色复制件的总数目；

③含有复制件的 A4 纸总页数；

④如果有的话，样本的总件数。

7）被指定的缔约方（必填）。申请人必须通过勾选相应的选框，指定谋求保护的每一个缔约方。申请人应当在提交国际申请时，就指定其谋求保护工业品外观设计的所有缔约方。如果后来才觉得有必要增加其他缔约方的保护，就只能提交新国际申请。

8）构成工业品外观设计的产品或将使用工业品外观设计的产品（类似中国的产品名称、分类号）（必填）。

9）外观设计说明。类似中国的简要说明，不得超出100字。如果超出100字，对于超出部分每字收取2瑞士法郎。不得包含操作工业品外观设计或其可能应用的技术特征。可写明放弃工业品外观设计某些特征保护的用语。

10）复制品描述（外观设计图片或照片）。

11）工业品外观设计设计人的身份。

12）被指定的缔约方为美国需要填写的声明。

13）优先权。如果主张了优先权，应当指明提交在先申请主管局的名称、在先申请号，以及在先申请日。如果要求了多项优先权，无法写完，则可仅在此写明最早的优先权情况，其他内容可在续页中写明。

在国际申请的国际阶段，可以不提交在先申请副本，进入国家阶段后，需要根据指定国法律的要求决定是否提交。

14）国际展览的优先权。如果进行了展出，申请表必须说明展览的地点、该产品首次展出的日期以及展出的每项外观设计的号码。

15）指定缔约方为日本或韩国时关于不丧失新颖性的说明。

16）指定缔约方为日本或韩国时关于关联设计内容。

17）国际注册的公布。如果复制件或部分复制件以彩色提交，将以彩色公布。如果申请人要求以黑白公布，应予以指明。除请求立即公布或延期公布，应在注册日后6个月公布。

18）指定缔约方为美国时关于单独指定费的内容。

19）申请人或其代理人的签名。

8.5 国际申请中包含的外观设计数量

海牙体系的一件国际申请中可以包含多项外观设计，只要这些外观设计产品属于洛迦诺分类表的同一大类即可，每件国际申请中包含的外观设计数量不得超过 100 件。

申请人需要在国际申请 DM/1 表第 6 项中写明所包括的工业品外观设计的件数，以及国际申请中的工业品外观设计复制件或请求延迟公布的工业品外观设计样本的件数。

同时，一件国际申请中每项外观设计所获得的专利权允许单独放弃及转让。

8.6 对复制件的要求

1. 复制件的形式

申请注册的工业品外观设计复制件的形式，可以是该工业品外观设计的照片或其他图样，或者是构成工业品外观设计的产品的照片或其他图样。同一份国际申请中可包含黑白或彩色的照片及其他图样。

复制件应当只呈现工业品外观设计，或者呈现使用工业品外观设计的产品，而非其他物体、零件、人或动物。例如，如果打算保护一张床，应当呈现没有摆放其他物品或躺人的床。

出现在复制件中的东西，但又不对其保护，可以通过点线或虚线标出，并且在说明中予以指明。

以纸件提交的国际申请所附的照片或者图样，应当粘贴或直接打印在单独的白色、不透明 A4 纸上。单独的纸张应当竖用，所载的复制件不得含有超过 25 件的。复制件应当以申请人希望公布的朝向排列。如果申请是以纸件提交的，每一件工业品外观设计复制件的周围应至少留出 5mm 的空白。

每一复制件均须置于一个不含其他复制件或其他复制件的一部分且无编号的直角四边形当中。复制件不得折叠、装订或以任何方式标注。

对于电子申请来说，国际申请所附复制件应当为JPEG格式或TIFF格式的图象，文件大小不超过2MB字节，且为RGB（而不是CMYK）色彩模式。

不允许出现展示物体截面或平面的机械制图，特别不允许带有轴、尺寸、解释性文字或图例的图案。对于技术制图，尤其是画有轴线和标明尺寸的技术制图；以及解释性文字或图例不予受理。

如果复制件由照片组成，该照片应当符合专业标准，且边缘切成直角。在这种情况下，工业品外观设计的呈现背景必须为素色，且照片不得用墨水或修改液进行修饰。

如果复制件由其他绘图组成，应当符合专业标准，且用绘图工具或电子方式绘制，如果用纸件提交申请，应当绘制于质地良好的白色不透明纸张上，所有边角应成直角。复制件应当采用阴影或影线以展示凹凸。用电子方式绘制的绘图可以在素色的背景中展示，且边缘成直角。

2.复制件的数量

一件国际申请中对每件外观设计的复制件数量没有限制。每个复制件只应提交一份。如果申请人希望公布的复制件是彩色的，则副本就应当是彩色的。申请人若要使一项外观设计获得最大程度的保护，则应提交多角度呈现产品的视图，因为只有在复制件中能看到的内容才能获得保护。

3.复制件的编号

如果一件国际申请中包含多项外观设计，应当在每个复制件的边际空白处编号，以区别每个外观设计。当同一设计从不同角度呈现时，编号应当由两个单独的数字组成，中间用实心点隔开（例如，第一个外观设计编号为1.1、1.2、1.3等，第二个外观设计编号为2.1、2.2、2.3等，以此类推）。在这种情况下，应当按照从小到大的编号顺序提交复制件。

4.复制件的尺寸

以照片或其他图样所示的每一件工业品外观设计复制件的尺寸,不得超过 16 cm×16 cm,而且其中的一个尺寸不得小于 3cm。

如果是电子申请,任何复制件的像素和分辨率必须符合规定,以便在打印该复制件时,使得以照片或其他绘图形式呈现的每份工业品外观设计复制件的尺寸,不得超过 16cm×16 cm,并且不得小于 3cm×3cm。对于复制件的具体要求如表 2.8-2 所示。

表 2.8-2 复制件具体要求

技术要求一览	
图像格式	JPEG 或 TIFF
分辨率	300×300dpi
最小尺寸	3cm×3cm(300dpi)
最大尺寸	16cm×16cm(300dpi)
最大文件大小(每个文件)	2MB
颜色	RGB 或灰度
边框	1~20 个像素
复制件图像示例	
低分辨率的图像被放大至 3cm×3cm(300dpi)的最小尺寸,产生的图像模糊	高分辨率图像
Low resolution (72 to 250 dpi)	High resolution (250 to 300 dpi)

8.7 对样本的要求

如果一件仅受 1999 年文本约束的国际申请,仅包含平面工业品外观设计,并且要求延迟公布,则其可以用样本代替复制件。

如果用样品代替复印件,申请人必须向国际局提交一份样本,并向每一个希望得到国际注册的副本的指定局提交一份样本。

国际申请中所附的平面样本(在不折叠的情况下),尺寸不得超过 26.2cm×17cm,重量不超过 50g,厚度不超过 3mm。样本应粘贴在 A4 纸上,且按顺序编号。

所有的样本应当装在一个包裹中。样本可折叠。包裹各边的尺寸均不得超过 30cm,连同包装的重量不得超过 4kg。

如果国际申请只受到或部分受到 1960 年文本的约束,也可以在申请中提交样本,但同时需要提交复制件,每件复制件的编号应当与对应样本的编号相同。国际局不接受易腐烂的物品以及存储危险的产品。

8.8 国际申请的申请日

如果国际申请没有任何导致申请日延后的不规范情况,国际局将按照表 2.8-3 的原则确定国际申请的申请日。

表 2.8-3　国际申请日的确定原则

提交途径		申请日
直接提交		国际局收到日
间接提交	1960 文本	国际局收到日
	1999 文本	缔约方局收到日(国际局于该日起一个月内收到申请)
		国际局收到日(国际局未在该日起一个月内收到申请)

在国际局收到国际申请之后，如果该国际申请中有按规定会致使国际申请的申请日延迟的不规范，则其实际申请日应为国际局收到对此种不规范作出更正的日期。

8.9 国际申请中的不规范

1. 会致使国际申请的申请日延迟的不规范

会致使国际申请的申请日延迟的不规范如下。

1）国际申请未使用规定的语言之一。

2）国际申请中遗漏下列内容中的任何一项。

① 关于要求依 1999 年文本或 1960 年文本进行国际注册的明确或暗含的说明；

② 能使申请人身份得以确定的说明；

③ 足以与申请人或其代理人（如有代理人的话）取得联系的说明；

④ 提出国际申请的每一件工业品外观设计的复制件或 1999 年文本第 5 条第（1）款第（iii）项规定的样本；

⑤ 对至少一个缔约方的指定。

2. 其他不规范的情形

1）有关禁止自我指定的不规范：根据 1999 年文本，其主管局是审查局的缔约方，已经声明禁止自我指定，如果在一件国际申请中，既是申请人的缔约方，又是被指定的缔约方，国际局应不理睬对该缔约方的指定。

2）涉及缔约方具体要求的不规范：受 1999 年文本约束的缔约方声明申请人必须是设计人，而国际申请的申请人不是设计人；受 1999 年文本约束的缔约方其国内法律要求对有关设计人身份作出说明、需提交简要说明和（或）权利要求书，而国际申请未按照要求说明或提交的。如果申请人未能在规定期限内改正这些不规范，国际申请将被视为没有指定相关缔约方。

3. 更正不规范的时限

国际局在受理国际申请时，如果发现其不符合相关要求，应当要求申请人自国际局发出通知之日起 3 个月内作出更正。如果未在 3 个月期限内对不规范予以更正，国际申请将被为放弃，国际局应在扣除相当于基本费的数额之后，退还对该申请缴纳的任何费用。

8.10 驳回

对于在《国际外观设计公报》上公布的国际注册，各主管局可根据本国的法规进行实质审查，关于审查结果，主管局可以通知国际局，在其领土内驳回该保护的请求，驳回可以是全部的或部分的。

海牙体系中的实质审查含义较为宽泛，有可能涉及新颖性，也可能是除新颖性之外的实体条件审查，如是否保护客体，是否违反公序良俗的审查。

1. 驳回的概念

根据《海牙协定》，"驳回"一词并非最终的驳回决定，即那种不再进行复审或上诉的决定。全部所要求的是，在适用的驳回期限内，指定局指出可能导致驳回保护的理由。换句话说，在适用的驳回期限内，所要通知的仅仅就是一个临时性的驳回。因此，在实践中，驳回可以基于：

1）某个主管局依职权审查后作出的驳回决定（仍然是临时性的）；

2）第三方提出的异议。必须强调的是，根据《海牙协定》的措辞，对某一国际注册提出异议的简单事实，必须作为"基于异议对保护的驳回"，通知国际局。这并不能预先判断与该异议相关的主管局最终作出的决定。

2.驳回的理由

国际注册不能因未满足形式要求（如未缴纳所需费用或复制件的质量不合要求）而被驳回，因在国际局对其进行审查之后，视为已经满足缔约方参加的海牙协定文本及细则对形式的要求。但是，缔约方可以因复制件未充分公开工业品外观设计的外观而作出驳回。在这种情况下，该驳回的实质原因，是该工业品外观设计没有充分公开，而非该复制件的形式缺陷，例如没有表面的阴影。

在某些特殊情况下，外观设计由于缺乏单一性而被驳回之后，该国际注册可以在指定缔约方主管局审查程序中进行分案，缔约方主管局应按照相关规定通知国际局这一情况。

3.驳回的时限

驳回通知的时限为一般为自国际注册公布之日起6个月。但任何主管局是审查局，或其法律规定可以给予保护提出异议的1999年文本的缔约方，可以声明依1999年文本指定该缔约方的，所述的6个月期限应改为12个月期限。

驳回通知必须在上述期限届满前通知国际局，如果在期限届满后寄发，则国际局将不会视其为驳回通知，并且不在国际注册簿上登记。同时，如果通知书中未写明国际注册号或者驳回的理由，同样不视为驳回。

在通过邮局寄送的驳回通知，根据邮戳确定发送日。如果邮戳不清或缺失，国际局将视该通知视作于其收到日前20天寄出的；但如果以此种方式确定的发送日早于宣布驳回之日或通知中提及的发送日期，该通知将被视为于在后之日发送的。对于通过投递公司发送的驳回通知，发送日期将根据投递公司邮件记录的信息予以确定。

4.驳回通知的后续程序

当某一国际注册的注册人收到驳回通知书后，他可以按照指定的缔约方主管局的相关法律要求开展相应的救济程序，如对该驳回决定进行重新审查、复审或者上诉。对于相关的缔约方来说，该国际注册的后续程序与向该缔约方主管局直接提交注册申请的程序相同。

8.11 国际申请的保护期限

若没有发出驳回通知书,则缔约方主管局可以向国际局发送声明给予该外观设计国际注册保护,或者不发送声明,只要没有发送驳回通知书,同样可以认为其获得保护。

1960年文本和1999年文本规定的保护期限,自国际注册日起算,分别至少为10年、15年。若指定缔约方国内法规定的最长保护期限长于上述年限,则可延长至最长保护期届满。具体情况如表2.8-4所示。

表2.8-4 国际申请的保护期

文本	首期/年	第一次续展/年	第二次续展/年	额外续展5年
1960年版	5	5	无	至国内法最长期限
1999年版	5	5	5	至国内法最长期限

一般情况下,每个5年期限届满前6个月,国际局会向权利人或者代理人发出通知,告知其国际注册的期限即将届满。

8.12 国际申请应缴费用

国际申请应缴纳的费用包括以下几项。

1. 基本费

单一设计的基本费用为397瑞士法郎,每增加一个设计需19瑞士法郎。

2. 标准指定费或单独指定费

1)标准指定费分为一级、二级或三级,具体标准如表2.8-5所示。

表 2.8-5　标准指定费缴费标准

单位：瑞士法郎

等级	审查水平	一件费用	增加一件
一级	不进行任何实质审查	42	2
二级	进行除新颖性审查之外的实质性审查	60	20
三级	实质审查（包括依职权或根据第三方异议进行的新颖性审查）	90	50

注：如果缔约方没有对标准指定费等级作出声明或者声明被撤回的，则视为适用一级标准指定费。

2）单独指定费：国际申请中指定缔约方的主管局是审查局（达到表 2.8-5 中二级、三级审查水平的局，适用于 1999 年及 1960 年文本），或者指定缔约方为政府间组织（仅适用于 1999 年文本，如欧盟或非洲工业产权组织），且缔约方已经声明以单独指定费取代标准指定费的，适用单独指定费，而非标准指定费。

单独指定费的收费标准应在声明中明确写明，此后也可以声明的形式变更。原则上，单独指定费的数额在扣除用于国际程序的开支后，不得超过指定局有权对相同件数的工业品外观设计给予同等期而向申请人收取的同等数额。

3）公布费

公布每项复制件应当缴纳 17 瑞士法郎，如果这些复制件是以 A4 纸的格式展现出来，除首页之外，其他每页需要额外缴纳 150 瑞士法郎。

4）说明费

对复制件的说明字数多于 100 字的，每增加 1 字，费用增加 2 瑞士法郎。

对于由其申请权来自于联合国所列的最不发达国家（LDC），或者来自于主要成员国是最不发达国家的政府间组织的申请人所递交的国际申请，向国际局缴纳的费用为应缴数额的 10%（与总数额相比）。此项减免还适用于那些由其申请权并非仅来自于该政府间组织的申请人所递交的国际申请，条件是申请人的其他资格来自于最不发达国家的缔约方，或者，如果缔约方不是最不发达国家，而是前述政府间组织的成员国，并且该国际申请仅受1999年文本约束。如果有多个申请人，每个申请人都应当满足该条件。上述费用减至10%，还适用于相同情况下的标准指定费。

上述费用一般情况下应当在提交国际申请时缴纳，但国际申请要求延迟公布的，公布费应在延迟公布期届满前3个月缴纳。在延迟期限届满前6个月国际局会给申请人发送非正式的通知提醒申请人缴纳日期。

依1999年文本可以作出声明，将有关缔约方缴纳的单独指定费可分两部分，第一部分在提交国际申请时缴纳，第二部分在根据有关缔约方的法律所确定的更晚的日期缴纳。

上述费用可以通过下列方式缴付：

1）通过在国际局开设的往来账户中支付；

2）通过瑞士邮政账户或向任何指定的国际局银行账户支付；

3）通过电子续展（E-Renewal）或电子申请（E-Payment）界面，使用信用卡（Visa卡、万事达信用卡、美国运通卡）缴纳，通过电子申请界面缴纳仅适用于在不规范通知书或其他涉及国际申请或注册的WIPO通信被发出并提供了申请人能够进入该界面的代码之后使用。

第三部分
实质授权条件及侵权判定

外观设计专利在各个国家的审查及授权制度各不相同，但是在专利确权中都包含有类似于"新颖性""创造性"的实质授权条件的要求，同时，各国外观专利的侵权判定标准与授权标准之间也存在着一定的区别与联系，本部分将对上述问题进行深入的比较与分析。

如表3.0-1所示，"一带一路"沿线外观设计专利保护力度较强的主要代表国家及地区有美国、日本、韩国、欧盟，它们的专利法规中对于外观专利实质授权条件的要求不尽相同。其中，各国法条中对于新颖性的要求基本相同，而对于"创造性"的要求略有差别，例如美国要求"非显而易见性"、日本要求"创作非容易性"、欧盟要求"独特性"。

表3.0-1 各国实质授权条件对比

	美国	日本	韩国	欧盟
实质授权条件	（1）新颖性 （2）原创性 （3）非显而易见性 （4）装饰性	（1）新颖性 （2）创作非容易性 （3）工业上可利用	（1）新颖性 （2）不是容易的创作 （3）工业实用性	（1）新颖性 （2）独特性

除"新颖性""创造性"要求外，各国对于外观专利实质授权条件也一些其他要求。

美国的"原创性"要求获得外观设计专利必须是原创的，不应是对已有的、公知的或者是自然产生的人或物进行的模仿。在审查原创性时，完全模仿任何著名设计或天然物的设计均不能获得外观设计专利，因此，关于仿冒设计、仿真设计，以及完全转用不同领域的相同知名设计，产品类别即使不同审查员也会以其不具备原创性而予以驳回。新颖性、原创性和非显而易见性（创造性）授权标准是依次递进的关系。

例如：在 In re Wise 一案中，申请专利的主题是一水滴形状的设计（见图 3.0-1）。美国专利商标局驳回了该申请，该驳回决定被法院维持。

图 3.0-1　In re Wise 案

该设计是一个中空的水滴形物品，具有透明的外壳，中间设置了平面的部件（用虚线表示），在该部件上有广告或者展示的内容。美国专利商标局的驳回决定指出，权利要求的内容仅仅是模仿常见的泪珠的形状，不具有原创性。

美国的"装饰性"要求可授予外观设计专利保护的客体必须是出于装饰性目的而作的发明创造，其应当主要是装饰性的，而非出于功能或机械方面考虑的结果或其"副产品"，即产品的装饰性必须是发明者有意为之的结果，"唯一的功能性考虑的设计结果"是不能被授权予专利权的。

日本的"工业上可利用"及韩国的"工业实用性"要求即根据工业的生产方法，可批量生产相同产品，不可重复再现的自然物或纯粹美术作品等不满足上述条件。

第一章
新颖性比较

1.1 各国判断条件对比

将美国、日本、韩国、欧盟进行外观专利新颖性判断中的主要判断条件进行对比，如表 3.1-1 所示。

表 3.1-1　各国新颖性判断条件对比

	美国	日本	韩国	欧盟
判断主体	普通观察者	一般消费者	一般消费者	见多识广的用户
产品类别	不考虑产品类别	相同或者相近产品	相同或近似产品	不考虑产品类别
对比方式	单独对比	单独对比	单独对比	单独对比
判断标准	与现有设计不同的全新设计	与现有设计不相同和不相近似	与现有设计不相同和不相近似	不属于与已知设计"完全相同"或"差异仅在于非实质性细节"

在破坏新颖性的公开方式中，对于使用公开的范围要求美国与其他国家有所不同。美国规定申请日前在本国已经公开使用或出售的产品可以破坏新颖性，而日本、韩国均要求申请日前在本国或者外国公开实施的发明，欧盟没有明确区分，仅是笼统地要求申请日前没有相同的外观设计为公众所知，也隐含了国外的使用公开。由此可见，美国的使用公开仅限于国内使用，范围相对较窄。

应当注意，日本评价新颖性和创作非容易性的时间点是以"时分"为单位的，即以小时、分钟为单位，而不是通常的以"日"为单位。也就是说，在外观设计注册申请日当天,若外观设计申请在下午提出,则上午公开的资料可以用来评价其新颖性和创作的非容易性。

1.2 各国判断要件分析

1.2.1 判断主体

1. 美国

美国外观设计中的"普通观察者"不需要有深刻的洞察力,不具有设计技术方面的知识,但是,对特殊产品的判断需要考虑特定的使用环境,对本设计与在先设计的区别点具有一定的分辨力,可以理解为对该类领域外观设计具有一般常识性了解的消费者。

下面以机动车的室内装潢膜案例为例进行说明。

发明名称:用于机动车的室内装潢膜(upholstery film pattern for vehicles and the like);申请号:29/063,883 申请日:1996年12月17日,如图3.1-1所示。

图 3.1-1 本申请视图

在先设计为专利文献。发明名称:透气组织(breathable structures);申请号:3,232,819;公开日:1966年2月1日。如图3.1-2所示。

审查员认为本设计与在先设计"如此明显地相似,主张的设计以普通观察者的角度观察,本设计仅是对在先设计进行少量修改的结果,并未形成两者的不同"。申请人不服提出申诉,而美国专利申诉与抵触委员会则

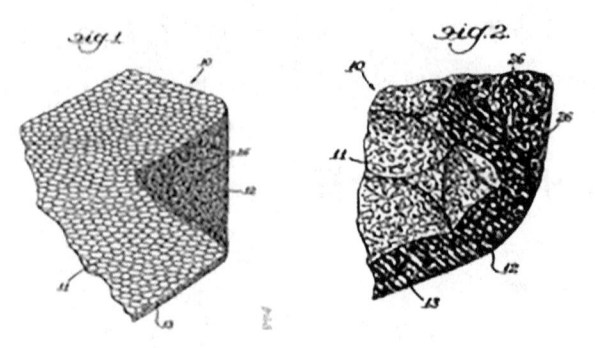

图 3.1-2 在先设计视图

判定本专利与对比文献不同。

专利申诉与抵触委员会的观点是：与在先设计中的材料中所见的大面积的浮凸装饰相比，本设计由非常小的浮凸装饰组成，并且以与在先设计完全不同的样式排列。本设计与在先设计，不论是浮凸装饰的式样还是单个浮凸装饰的大小及形状组成的设计的式样，都有明显的不同。同时普通观察者对汽车圆形仪表板的设计，是以交通工具乘客的一臂之长的距离观察为基准的。在这个距离，乘客可以正常地看到设计。

2. 日本、韩国

"一般消费者"这个判断主体并不指作为社会大众中普通一员的一般消费者，而对该外观设计所属领域有一定了解的消费者。要求作为外观设计相近似性的判断主体对某一外观设计领域设计的的发展演变历史、在先设计的情况均要有所了解，能够识别或找到产品外观设计的创新点，并判断该创新点对于外观设计整体视觉美感的影响。

例如，韩国的公交停车棚案例，其申请视图如图 3.1-3 所示。

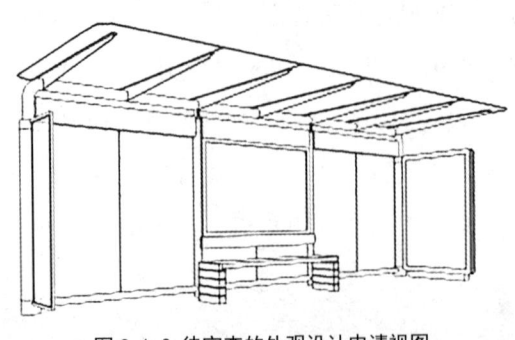

图 3.1-3 待审查的外观设计申请视图

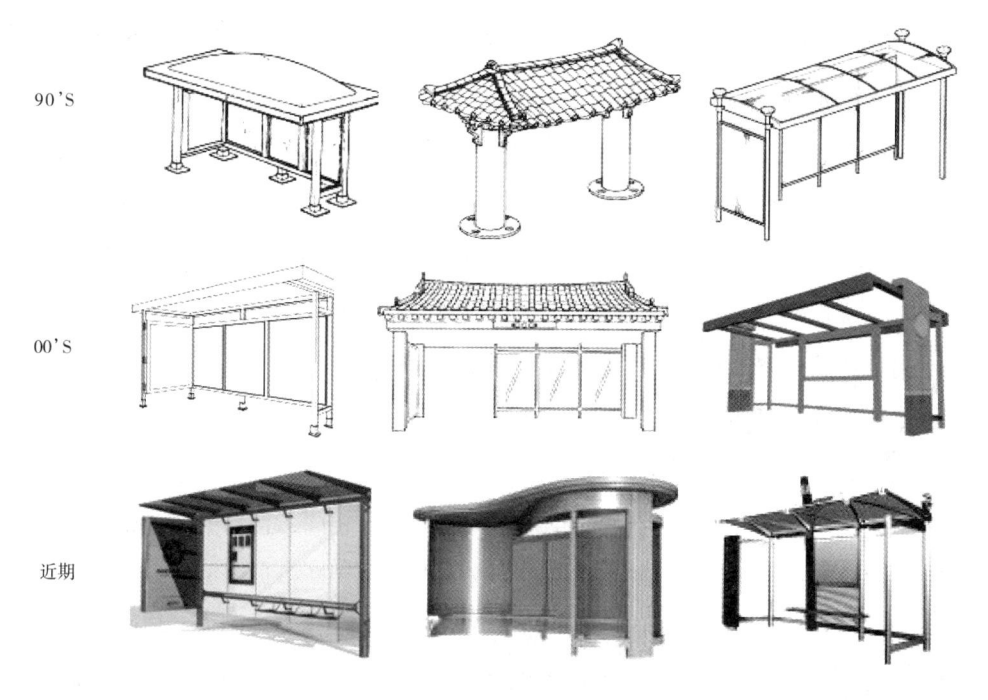

图 3.1-4 公交车棚设计演变历史

在该案件的审查中,审查员站在一般消费者的角度,需要对每个时代公交停车棚设计的倾向进行把握。

图 3.1-5 选择对比设计

第三部分 实质授权条件及侵权判定

通过了解公交车棚设计演变历史（如图 3.1-4 所示），进而能够选定该产品主要特征部位。本案的主要部位设计特征就是天棚桁架的形状和支架的形状，关注上述特征进行现有技术检索，从而找到最接近的对比文献（如图 3.1-5 所示）。

据此审查员判断，对比设计与本申请天棚桁架形状相似、支架的形状相似、背板的分割结构以及座椅等部位不相似。两者虽设计的细节上有些不同，但总体来观察和相比较视觉感受相似，本申请不具有新颖性。最终审查员作出了驳回申请的决定。

3. 欧盟

欧盟外观设计不具备新颖性仅指其与已知设计相同，包括"完全相同"和"差异仅在于非实质性细节"两种情况。新颖性判断接近于一个事实认定的问题，其判断主体应当与其独特性判断主体一致，均为见多识广的用户。欧盟新颖性评判范围很窄，只要涉案欧盟外观设计与现有设计有区别，区别不是非实质性的细节上的不同，则可以认定该欧盟外观设计具有新颖性。

1.2.2 产品类别

1. 美国

美国在新颖性判断的过程中以产品的外观设计为判断内容，不考虑产品的类别，即便同样的外观设计应用在差别较大的两类产品上，在评价新颖性时仍认为不具有新颖性，一项设计从一种产品应用到另一种产品上不影响美国的判断主体"普通观察者"对新颖性的判断。例如，"玩具汽车"可以直接用来评价"汽车"的新颖性。

2. 日本

日本在新颖性的相同和相近似判断中不能脱离物品，只有类别相同或者相近的产品才能进行外观设计相同和相近似性判断。物品种类和外观设计的形态（即形状、图案和色彩）是两个分量相当的原则，一起对外观设计相近似性类别判断构成影响。物品是否类似，需要综合物品的使用目的、使用方法、使用状态、共同的用途和功能综合判断。形态是否类似，需要综合其共同点和差异点综合判断。物品与形态类似与否，以及类似设计的关系如表 3.1-2 所示。

表 3.1-2 日本相同、相类似设计判断

形态 \ 物品	同一	类似	非类似
同一	①同一设计	②类似设计	⑦非类似设计
类似	③类似设计	④类似设计	⑧非类似设计
非类似	⑤非类似设计	⑥非类似设计	⑨非类似设计

3. 欧盟

欧盟申请中产品类别只是提交申请时的一种形式要求，在授权审查和侵权判定中进行对比的产品没有类别相同或相近似的限定，而是对脱离于产品之外的抽象设计的保护，类似于版权保护。在新颖性和独特性判断中都没有产品类别的限制，任何产品上同样的设计均可以破坏某一外观设计的新颖性和独特性。

1.2.3 判断方法

进行新颖性判断主要涉及外观设计相同相近似的判断，主要针对外观设计的整体视觉效果的差别进行综合判断，各国的基本判断步骤大致类似。判断本专利外观设计是否具有新颖性的基本步骤如下。

1）结合所属领域特点识别的设计要部（最能吸引一般消费者或类似判断主体注意的特征部分）；

2）研究在先申请的外观设计，重点关注设计要部特征部分的相似性；

3）考虑产品特性、公知设计等因素，选择出与本外观设计相似度高，可用于进行比较的对比外观设计；

4）综合考虑相同特征和区别特征对整体视觉效果的影响，比较后作出判断。

此外，在新颖性判断中，各国也会对影响两外观设计类似与否的具体情形作出一些规定。例如，日本《外观设计审查基准》明确规定，外观设计相近似性判断过程中一般认为：①容易看见的部分，相对的影响较大；②常规形态的部分，相对的影响较小；③大小的不同，如在该外观设计所属领域中属于常识的范围，则几乎不给予影响；④材质的不同，如不作为外观上的特征表示，则几乎不给予影响；⑤只色彩的不同，与形状或图案的差异相比，几乎不给予影响。美国的新颖性判断中则要考虑在先设计是否公开了全部设计要素，如果本专利中包含了在先设计中未公开的设计内容，且普通观察者不能将在先设计中的产品作为一个完整整体来评估本专利与在先设计时，不能得出本专利是否具有新颖性的结论。

下面通过各国的一些实际案例看一下各国的新颖性判断标准。

1. 美国：婚宴用摆动小球案例

发明名称：婚宴用摆动小球（Pellet for tossing weddings）；申请日：1995年5月22日。

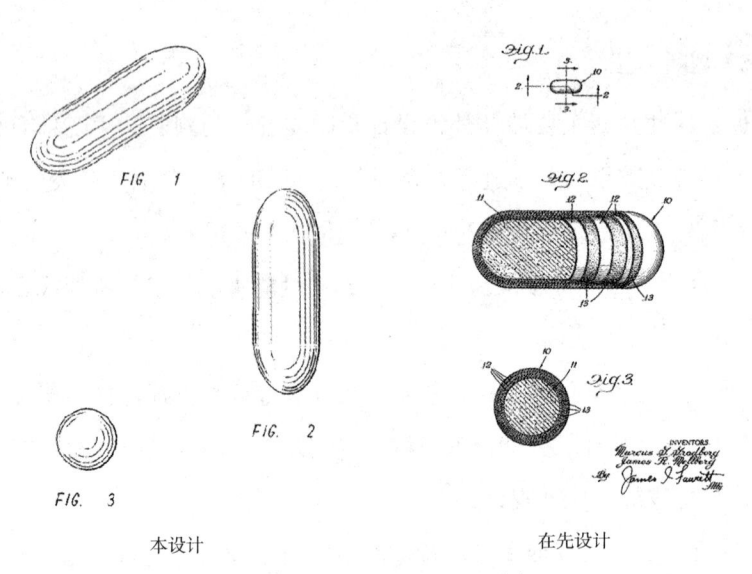

本设计　　　　　　　　　　在先设计

图 3.1-6　婚宴用摆动小球案

在先设计为专利文献。发明名称：可溶氟化物外壳、钙盐内芯的多层药片（multiple layer tablet with calcium salt central core separated from soluble fluoride outer coating）公开日：1967年10月3日，如图3.1-6所示。

本案以本设计相对于在先设计不具有新颖性而被驳回，但是最终审查员的驳回决定被推翻。专利申诉与抵触委员会认为，普通观察者作为购买者可以很容易地分辨出申诉人的设计与在先设计在整体形状，尤其是两者末端曲线的不同。在先设计末端为较生硬的半球形，本设计的末端形状为弹头形的椭圆，如图3.1-7所示。

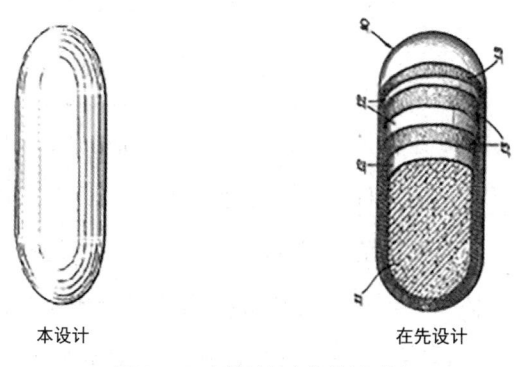

本设计　　　　　　　　在先设计

图 3.1-7 本设计与在先设计对比

本案值得注意的是以下两个方面的问题。①在先设计与本设计的洛加诺分类或美国本国分类号均不同。由此可知，美国外观设计专利的新颖性判断不限于产品的类别和用途。②本案呈现了关于区分两者不同到何种程度，认定本设计具有新颖性的评判标准：这种不同的程度要求普通观察者将本设计当做一个全新的设计，而不是对已有设计改良后的结果。即，如果本专利与在先设计之间的差别使得普通观察者看来，本专利已是一种不同于已有设计的新设计，而不是对已有设计加以修改后的设计时，本专利具有新颖性。

2. 日本："屋顶板"驳回复审案

表 3.1-3 "屋顶板"驳回复审案

本申请外观设计	对比外观设计
【外观设计涉及的物品】屋顶板 【申请日】1988年2月10日	1982年4月10日特许厅发行外观设计公报所载，注册第553918-4号，外观设计涉及的物品"瓦"
主视图　　　后视图	主视图

本案因与对比外观设计相类似，不具有新颖性而被驳回（见表3.1-3），申请人提出了复审请求，最终日本特许厅审判部作出了维持驳回决定的复审决定。复审决定认为：本申请与对比外观设计的共同点为上边以略"绘马型"状薄板为基本形状，下半部分由3条细切缝分成4等份，4片的前端部各自为水平状，左数第1、3片较其他片稍长向下突出，与其他片构成凹凸状的段差。两者的不同点有：①左右两侧边的具体形态，本申请沿左右两侧边下半部分形成细切口，对比外观设计无切口为一直线；②本申请3条切缝的上端的高度不同，而对比外观设计相同；③4等分的各片的长度，本申请的左数第3片最长，然后是第1、4、2的顺序，对比外观设计的左数第1及第3片同样长，第2、4片同样短；④整体的纵横比例，本申请大致为3:4，对比外观设计为1:2稍长。

复审决定分析上述共同点和不同点认为，前述共同的构成形态在两个外观设计中构成形态整体，且形成外观设计整体的基调，可以决定两外观设计的类似判断。上述区别①在外观设计领域中，两侧边的这种切口是申请日前已有的普通做法，不能形成本申请的特征，此区别被两者共同的构成形态形成的共同印象吸收，从形态整体看是不显著的，不至于给两外观设计类似与否判断造成太大影响。②的区别为极其有限的长短区别，不太显著，未达到改变整体印象、影响两外观设计的类似与否判断的程度。③本申请4片长度不同，但其整体左数第1、3片呈凸状，第2、4片呈凹状，视觉印象与对比外观设计极共同，故此区别不会给类似与否的判断以影响。对于区别④，本申请与对比外观设计相比，仅纵向在整体上伸长一点的形态，此程度的变化为本外观设计领域普通变更的范围，不是特别能引起观察者注意，对类似与否的判断影响是微弱的。综合这些区别点考虑其效果，不能胜过两外观设计的整体共同感，因此两外观设计类似。

本案值得注意的是：在日本判断产品的外观相似性时，首先要识别出外观设计的本质构成，整体观察外观设计，审查哪些部分是在外观设计造型中的基本构造和具体形态中的主要特征。显示产品外观的特征吸引观察者注意的部分，通常是该产品外观设计的实质部分。是否相近似取决于它们的实质部分是否具有共同点。当某个共同点显示了其构造的特征并吸引观察者的注意，或者其共同点占据了设计绝大部分并吸引观察者注意，则该共同点被认为是主要特征，作为观察者观察的重要点来判断两外观设计是否相似。其次，应当判断某一区别点是否可作为影响近似性的因素。当不同点是个细小部分而且不太显眼，或者当不同点是一个惯常的造型并不吸引观察者注意，这种不同点在相近似判断中不被认为是非常重要的点。最后，通过总体判断共同点和不同点来判断二者是否近似。当两个设计的共同点被认为是实质部分并被认为是相近似判断的主要点，并且当两个设计的不同点被认为是不影响观察者认为两个外观设计相同印象的造型时，此时，两个外观设计相近似。

日本外观设计新颖性标准较高，要求外观设计不相同和不相近似，但比较的范围限于相同和近似种类产品的外观设计；而欧、美新颖性标准较低，仅指相同或者实质相同的外观设计，且实质相同的认定范围很窄，但不考虑产品种类的限制。同时，日本单篇对比文献即使差异点较多，一般情况下也仅能用于评价新颖性，不能评述创造性。即，当单篇对比文献不足以评价新颖性时，则有可能会给出既有新颖性也有创造性的结论。

3. 韩国："凉亭"驳回案

表 3.1-4 "凉亭"驳回案

	本申请外观设计	对比的外观设计
产品名称	凉亭 （户外用亭子及瓜棚 L3-11）	便捷过路店（L3-11）
申请日	2009.3.9	国外出版物公开（2004）
图片		

本申请主要的外观设计特征在于：主房顶上端覆盖有副层房顶构成双层天棚结构，以八角形为基本形状，支架之间的墙面以直线木条构成，有利于空气流通，八个支架以一定间距构成了正八角形。综合考虑本领域现有设计的设计特征，得出本申请中双层天棚结构以及整体的正八角形支架结构是要部特征。经检索，找到了在先公开的对比文件，虽然在副层房顶所占比例、支柱顶缘等部位有许多差别，但是区别点对于产品整体的视觉效果影响并不明显，本申请的外观设计与申请日前公开的外观设计做比较整体美感近似，属于与本申请相近似的外观设计（见表3.1-4）。最终，审查员依据韩国《外观设计法》第五条第一款第三项"在提交外观设计注册申请前，该外观设计已在韩国或外国发行的出版物中公布或者以电子方式出版的外观设计相近似，不能被注册"作出驳回决定。

4. 欧盟："皮肤抗菌药物分配器"专利无效案

请求人对欧盟外观设计（产品名称为"皮肤抗菌药物分配器"）提出无效请求。请求人宣称本外观设计相对于他的西班牙实用新型专利"一次性消毒药签"U200001073（下称对比文件）是"缺乏新颖性，完全可预见的"。比较本外观设计的分配器和对比文件公开的药签，请求人认为两个装置都是"由涂覆部分和适合于手握连接物的支撑连接组成，涂覆抗菌药物于皮肤上"。本外观设计给出了一个可观察到的梯形涂覆物，对比文件附图描述定义了同样的一个可观察到的四方形涂覆物，同时，本外观设计涂敷物形状与对比文件中描述的"任何形状和尺寸"的涂覆物比较，"正如西班牙实用新型权利要求书上的支撑物一样"。

权利持有人认为："在被挑战的外观设计的锲形头部和西班牙实用新型附图显示的圆柱形头部之间有明显的差异"，对比文件表述的头部是"任何形状"，没有"清楚公开被挑战的外观设计所示的头部形状"，因此本外观设计"不仅仅是新颖的，而且具有独特性"（如表 3.1-5 所示）。

表 3.1-5 "皮肤抗菌药物分配器"专利无效案

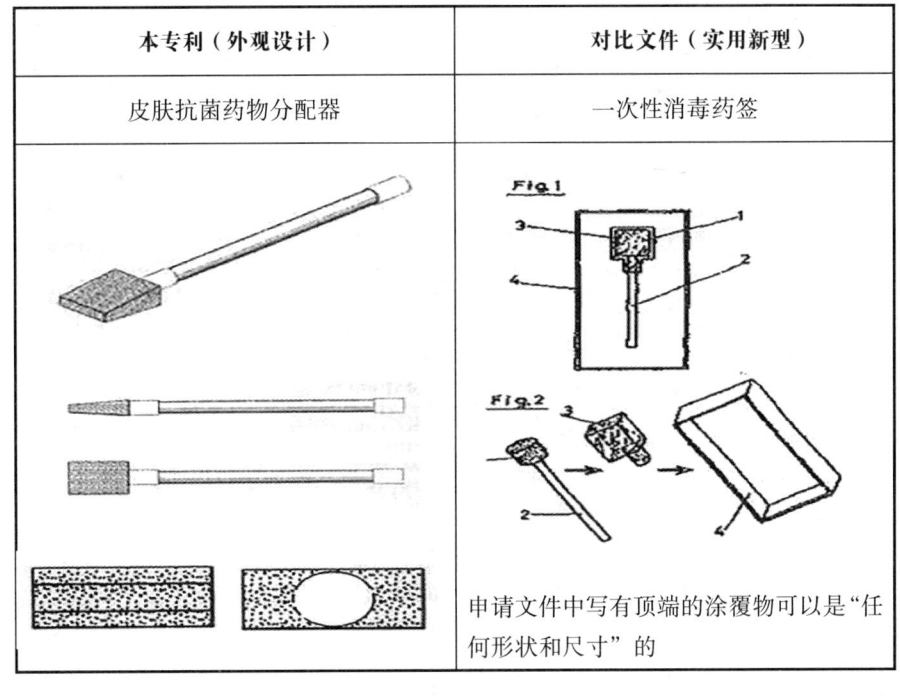

本专利（外观设计）	对比文件（实用新型）
皮肤抗菌药物分配器	一次性消毒药签
	申请文件中写有顶端的涂覆物可以是"任何形状和尺寸"的

关于新颖性，欧洲知识产权局（原欧洲内部市场协调局）认为，由于对比文件的"一次性消毒药签"和本外观设计的"皮肤抗菌药物分配器"均包括一个杆和一个连接于杆上的头。然而，对比文件描述的头部为圆柱形，而本外观设计的分配器的头部是锲形。除了附图所显示的圆柱形外，对比文件没有公开任何其他的头部。对比文件中的"任何形状、尺寸和质地的药签（1）"没有构成具体形状的公开；特别是该描述不能预见到本外观设计所表示的锲形头部"。对比文件的附图公开了"可观察到的方形"，指的是第一和第二容器（3，4），而不是药签（1）。因此对比文件所公开的外观设计和本外观设计所表示的外观设计不相同，关于本外观设计缺乏新颖性的请求不成立。

第二章
创造性比较

2.1 各国判断条件对比

将美国、日本、韩国、欧盟进行外观专利创造性判断中的主要判断条件进行对比，如表 3.2-1 所示。

表 3.2-1 各国创造性判断条件对比

	美国 （非显而易见性）	日本 （创作非容易性）	韩国 （不容易的创作）	欧盟 （独特性）
判断主体	本领域普通设计人员	本领域普通设计人员	本领域普通设计人员	见多识广的用户
产品类别	相关设计领域（仅表面装饰差别不限类别）	相关设计领域	相关设计领域	不考虑产品类别
判断原则	单篇/多篇结合对比	一般为多篇结合对比，考虑组合手法启示	单篇/多篇结合对比	单一对比，考虑设计自由度
判断标准	差异不是微小的、不是显而易见的	不是根据现有设计的组合很容易创造的	不是根据现有设计或者现有设计的组合很容易创作的	给予见多识广的用户的整体印象不同

2.2 各国判断要件分析

2.2.1 判断主体

1. 本领域普通设计人员

"本领域普通设计人员"指定为有能力设计申请专利的该类型物品的普通"设计者",而有别于"普通观察者"或"一般消费者"。本领域普通设计人员不仅具有通晓申请时发明所属领域的公知常识,能够领会申请时要求保护的发明所属领域中的在先设计状况和所有设计内容的能力,并具有使用普通技术手段进行设计和开发的能力,是不同于"一般消费者"的具有普通创造能力的人。

2. 见多识广的用户

"见多识广的用户"(informed user),这种用户的判断水平被认为比"一般消费者"或"一般用户"高,而较"本领域普通设计人员"低,熟悉在先设计的通常样式,能考虑到开发设计时所享有的自由度确定外观设计的设计要部,在设计自由度较大部位的相似之处和设计自由度较小部位的不同之处会给予更多的注意力,对产品不具有深刻的洞察力,根据对产品的整体视觉印象进行相近似性判断。"见多识广的用户"是介于普通用户和设计人员之间的人,对于某些类型的产品这样的人也许可以认为是该产品的零售商。对于"见多识广的用户"而言,使用一个产品无须仔细打量,短短一瞥已经足够正确使用该产品了。

2.2.2 产品类别

创造性判断中对于现有设计的产品类别一般没有限制,但是必须考虑不同类别产品设计特征的转用及组合的启示。

美国的创造性判断中,现有设计包括所有"相关领域的设计"。外观设计案件中涉及的"相关领域",不在于该参考文献是否机械意义上属于相近的技术领域,而在于两者是否足够相关,使得一方外观上的某种装饰性设计特征会对另一方对这些设计特征的适用有所启示。

如果要求保护的设计与现有设计的区别仅限于产品表面装饰性特征的使用，则任何引证文献只要充分披露了同样的表面装饰性特征就可被认为属于相近的设计领域。也就是说，当权利要求的设计与现有设计的差异仅限于物品表面的装饰的应用时，任何披露基本相同表面装饰的现有对比设计都认为是相关的设计。如果两项外观设计的差异是产品的形状或结构时，则需要考虑该产品本身的属性。但是，当相关现有设计适用的权利要求的设计的某一部分模仿了众所周知的或天然生成的物品时，则可以更广义地进行解读。

2.2.3 判断方法

进行创造性判断的对比文献，美国和韩国既可以是单篇文献也可以是多篇文献组合对比；日本用于创造性评价的对比文献多数情况下仅限于多篇文献组合的形式，如果仅有单篇对比文献一般来说不能用于评述创造性；而欧盟的独创性评判则是给予见多识广的用户的整体印象是否相同，因此与新颖性判断一样，独特性的判断也仅限于单篇文献单一对比原则。

各国进行创造性评判的基本判断步骤大致如下：

1）确定现有设计的范围和主题；

2）查找本专利与现有设计之间的区别点；

3）根据现有设计水平判断区别点是否存在设计启示；

4）评价是否具有创造性。

各国在评判创造性的过程中所考虑的具体因素和评判的侧重点是各有不同的。

1. 美国

美国对于创造性的评价侧重于判断设计手法是否是显而易见的。对于组合评述的情形，首先找出一篇与本外观设计最为接近的对比文件——主要对比文件。主要对比文件必须是具体存在的设计，而不能是从多篇对比文件提取的特征拼凑的设计。其次，与一篇次要对比文件的设计结合起来与被对比设计进行对比。如果经次要设计修改后的主要对比文件与被对比外观设计有相近似的整体视觉印象，则被对比外观设计是显而易见的。同时，为了使次要对比文件得到考虑，在现有设计中必须有运用次要对比文件中的特征对主要对比文件进行修改提示。

美国评价要求保护的外观设计的非显而易见性还会涉及一些次要考虑因素，如商业成功、专家证言和他人对外观设计的仿冒等。非显而易见性的相关证据可以在初步评估为显而易见情形时出具，也可以在对在先显而易见性辩驳时出具。

2. 日本

日本在创造性的判断上，更加重视创造的难易程度，并且重视组合的手法是否常见。因此，为了说明外观设计是容易创作的，原则上，必须提示出其创作手法对于本行业人员来说是常规手法的具体事实。但是，如果该手法对于本行业人员是公认常规的、显著的事实时，例如在玩具行业，将真的汽车完全原样转用为玩具汽车的手法，则不必有其提示。日本在其《审查基准》中列举了6种被认为是容易创作的外观设计的例子，以此尽可能统一判断标准。

（1）置换的外观设计

置换：将外观设计的构成要素的一部分置换为其他外观设计。

例如：道路用栅栏。将公知的道路用栅栏的装饰板部分置换为其他的某种公知的装饰板，这对于本行业人员而言，是常规的手法（见图3.2-1）。

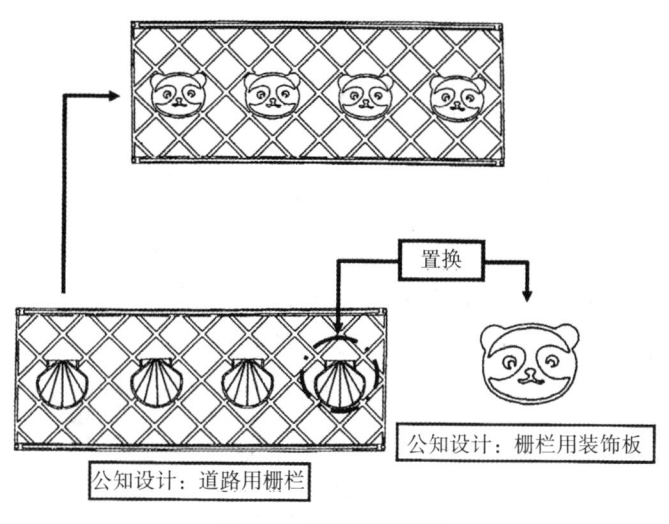

图 3.2-1 置换的外观设计

（2）集合的外观设计（即拼凑的外观设计）

集合：将多个外观设计通过常规的手法组合成一个外观设计。

例如：公知外观设计扬声器与公知外观设计音箱的集合。在其外观设计所属的领域，在每个音域重叠各种扬声器而成的一体的扬声器箱，对于本领域技术人员而言，为常规的手法（见图 3.2-2）。

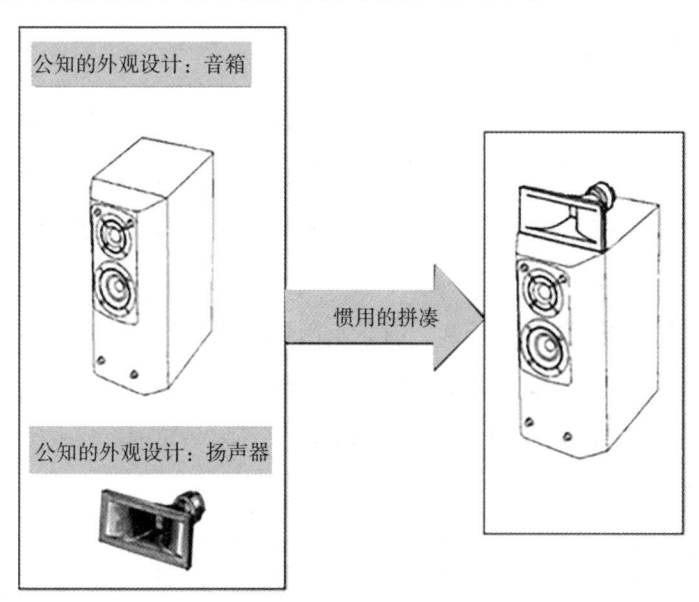

图 3.2-2 集合的外观设计

第三部分 实质授权条件及侵权判定 181

（3）配置变更的外观设计

对于本行业人员而言，只不过把公知外观设计的构成要素的配置，通过常见手法进行变更的外观设计。

例如：带平衡器的增幅器。在其外观设计所属的领域，在公知的外观设计的通常使用状态下，变更平衡器用表示部和增幅器用操作部的配置，对于本领域技术人员而言，为常规的手法（见图3.2-3）。

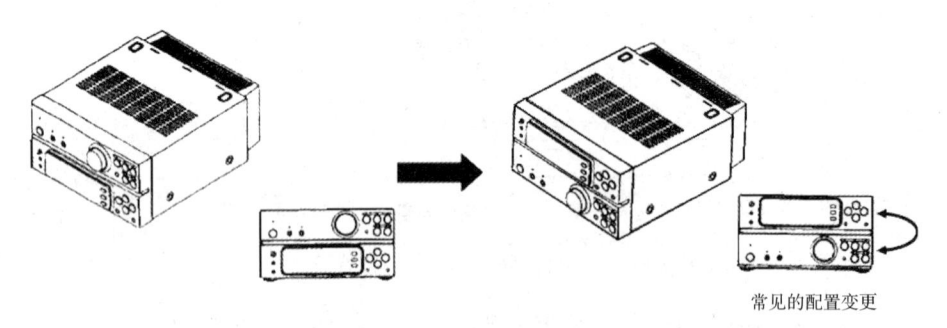

常见的配置变更

图3.2-3　配置变更的外观设计

（4）构成比率变更或连续的单位数增减所致的外观设计

通过常见的手法，对公知的外观设计的全部或部分构成比率或公知的外观设计的反复连续的构成要素的单位数量变更的外观设计（反复连续的构成要素的单位数的增加或减少。

例如：回转警告灯。在其外观设计所属的领域，对于本领域技术人员而言，将警告灯单位体的重叠数适当地增减，为常规的手法（见图3.2-4）。

（5）公知的形状、图案或色彩及其结合几乎不超过其原有表现的外观设计

对于将公知或周知的形状、图案或色彩或其结合几乎表现为其原有物品的形状、图案或色彩或其结合的外观设计。

1）基于公知的形状或图案的外观设计。只将公知的形状或图案几乎原样表现的产品的外观设计。

例如，激光照射机用前端部设计为各种简单的几何形状，这在其外观设计所属的领域，属于通常可行的手法（见图3.2-5）。

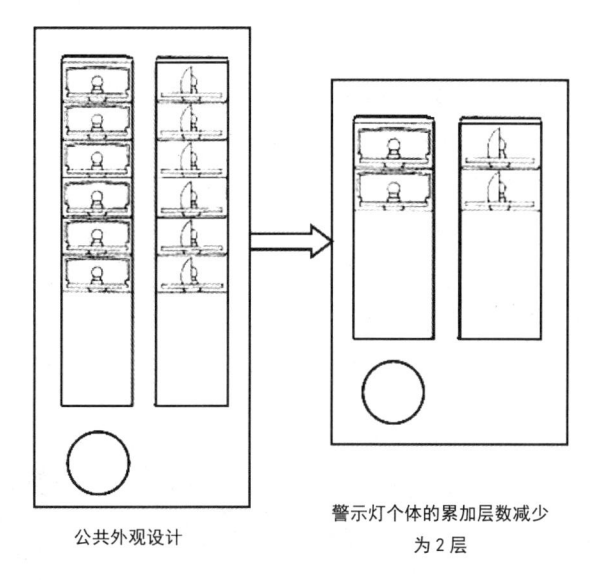

公共外观设计　　　　警示灯个体的累加层数减少
　　　　　　　　　　　　　　为2层

图 3.2-4　构成比率变更或连续的单位数增减所致的外观设计

激光照射机用前端部

公知的形状

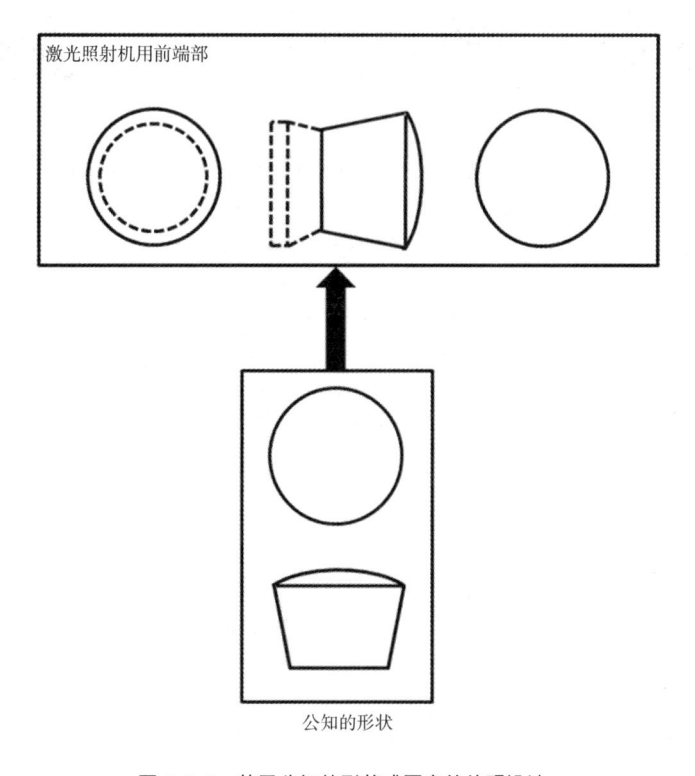

图 3.2-5　基于公知的形状或图案的外观设计

第三部分　实质授权条件及侵权判定　183

2）基于自然物以及公知的著作物和建筑物等的外观设计。仅将自然物（动物、植物或矿物）以及公知的著作物和建筑物等的全部或部分的原有形状、图案等用来表示物品的外观设计。

例如，镇纸。在其外观设计所属的领域，镇纸的形状模仿植物等的形状属于本领域的常规手法。申请外观设计的产品为镇纸，其形态仅表现了青椒原形，故属于根据公知的形状、图案或色彩或其结合可由本领域技术人员容易创作的外观设计（见图3.2-6）。

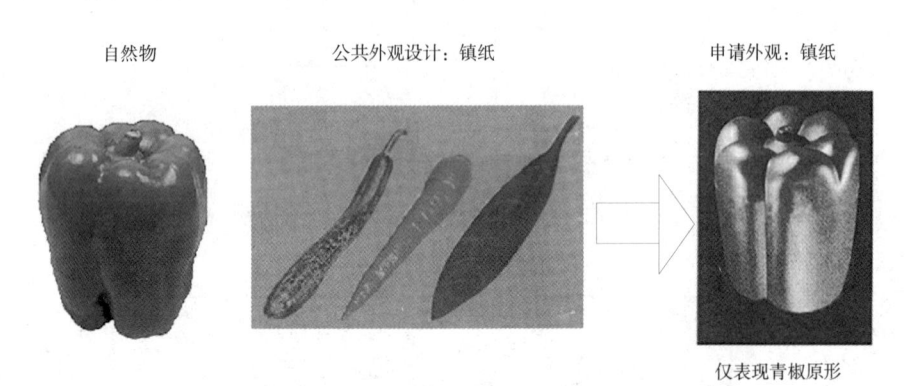

图3.2-6　基于自然物以及公知的著作物和建筑物等的外观设计

应当注意的是，并非所有利用自然物原有形状的外观设计都属于"容易创作的外观设计"。例如，将"培养土用容器"设计为青椒的形状，即使其形状几乎表现为青椒的原有形状，但在其外观设计所属领域并不是常规的手法，对于本领域技术人员而言，也不称为可容易创作的外观设计。

（6）商业惯例上的转用所致的外观设计

非类似的物品间，对于本领域技术人员而言，具有用常用的手法进行外观设计转用的商业惯例时，称为转用的外观设计。

例如，玩具摩托车。在其外观设计所属的领域，玩具的形状模仿交通工具的形状，属于商业惯例上的转用，对于本领域技术人员而言，属于容易创作的外观设计（见图3.2-7）。

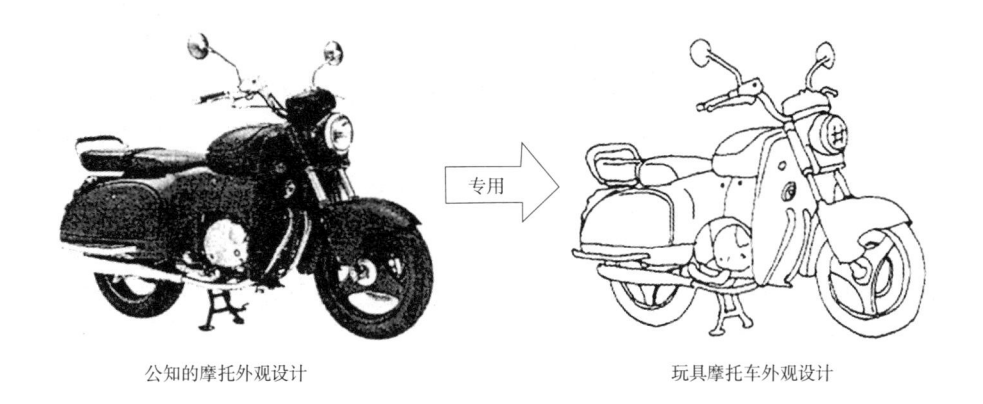

公知的摩托外观设计　　　　　　　　　玩具摩托车外观设计

图 3.2-7　商业惯例上的转用所致的外观设计

3. 欧盟

欧盟的独特性判断并不存在根据在先设计的组合来判断本外观设计是否含有创新性劳动的问题，重点关注设计自由度对见多识广的用户整体视觉感知上的影响。欧盟设计操作手册对 ART6（2）.10（2）中的设计自由度进行了进一步说明。设计师的设计自由度由两项内容限制：功能和在先设计。例如，瓶子的设计至少要包括一个开口和一个容积。设计瓶子的设计自由度由瓶子作为一个容器的功能所限制。进一步，如果瓶子的现有设计非常密集，则将给新设计留下很小的设计空间。技术功能和广泛的现有设计给设计师的设计自由度构成了严格的限制。因此，一个瓶子的新设计可以被认为是一个独特的特征，即使该特征仅仅包括少量的小的创新。

上述的设计自由度也称为设计空间。设计空间是指设计人员对工业产品进行外观设计创作时能够自由创作的自由度。具体而言，在产品实用功能、技术条件、现有设计等因素制约下，设计师可进行设计的范围，即允许产品外观发生设计变化的设计内容。

设计空间的大小是相对的，不同种类的产品，设计空间的大小不同。用途偏重于装饰性的产品，如工艺品、布料等，其设计空间一般相对较大；用途偏重于功能性的产品，如机械、零部件等，其设计空间一般相对较小。设计空间大的产品，设计者的设计自由度相对较高，该产品种类内的外观设计必然从形式到风格都丰富多彩,该外观设计产品的一般消费者就更不容易注意到比较细小的设计差别,而在外观设计设计自由度较大部位的相似之处会给予更多注意力。反之,设计空间小的产品,设计者的创作自由度就相对较小,该产品领域内的外观设计必然出现很多相同或相似之处,该类产品的一般消费者一般会更容易关注到产品外观设计上的细微差别,在设计自由度较小部位的不同之处会给予更多的注意力。

2.2.4 案例分析

1. 美国:罗森申请案

本案涉及一矮茶几(通常称作咖啡茶几)外观设计专利申请(下称本申请)的驳回。在本案中,审查员以本申请相对于现有设计的结合具有显而易见性作出驳回决定,申诉委员会基于同样的理由支持了审查员的结论,但最终法院却认为驳回决定中选取的基本设计不合适,因此不具有结合启示,从而撤销了驳回决定。

如图3.2-8所示,本申请所示桌面为透明的,桌腿为反光材料,如不锈钢。圆形的透明桌面由在三个V形或L形桌腿上切出的狭槽支撑。

审查员认为,本申请相对于对比文件1、对比文件2、对比文件3和对比文件4的结合具有显而易见性,故驳回了本申请。以对比文件1作为基本设计,以对比文件2、对比文件3和对比文件4证明,将对比文件1进行改变,以获得本申请所要求保护的外观设计是显而易见的。如图3.2-8所示,对比文件1显示了具有由V形桌腿支撑的半圆形桌面的桌子。对比文件2披露了一种展示架,并且显示出在家具领域,具有用于接收平坦顶部的狭槽的V形桌腿构件是众所周知的。对比文件3和对比文件4显示出圆形玻璃桌面和/或圆形茶几也是众所周知的。

通过结合上述对比文件,审查员认为"通过使用对比文件2的狭槽使对比文件1的桌腿与对比文件3的圆桌面相结合"是显而易见的,对比文件4的桌子披露了三个等距离隔开的桌腿。本申请所要求保护的外观设计

本申请

对比文件 1　　　　　对比文件 2

对比文件 3　　　　　对比文件 4

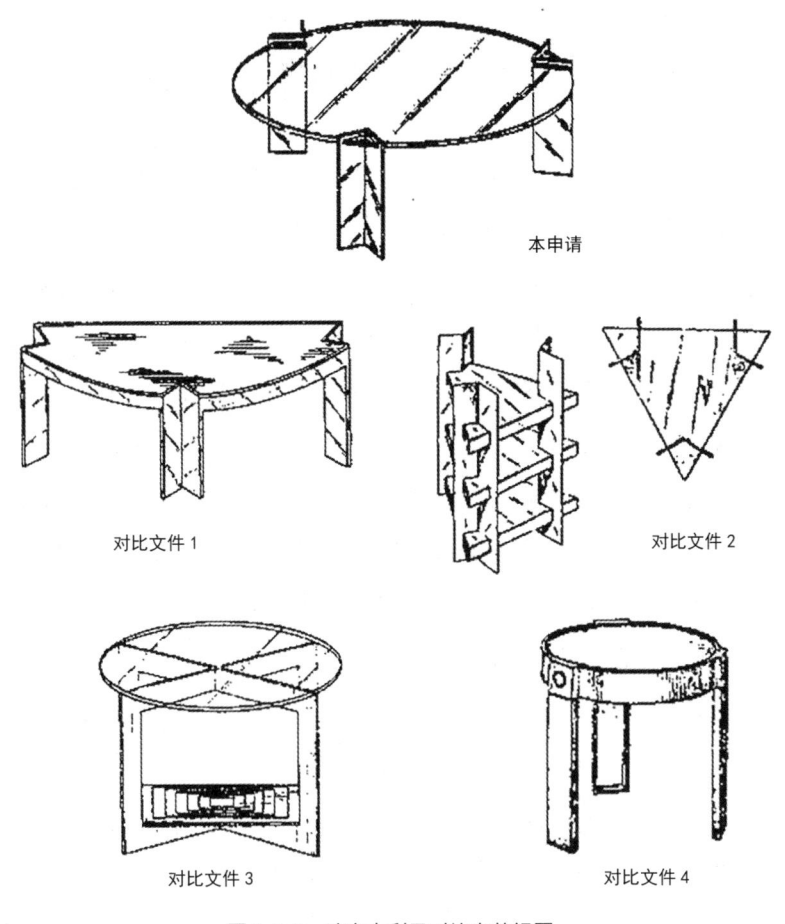

图 3.2-8　涉案专利及对比文件视图

只不过是与本申请产品属于相同领域的已有手段的重新组合。

申诉委员会支持了审查员的上述观点，并补充认为，在整体观察时，本申请外观设计的本质在于具有圆形玻璃桌面的茶几，该茶几具有带 V 形切口的桌腿，所述 V 形切口接收和支撑桌面。本领域普通技术人员能够认识到所用对比文件的教导并且容易想到可以使用三个等距离隔开的 V 形桌腿支撑桌面或架子，其中，桌面或架子插入桌腿的狭槽内。使架子或桌面具有圆形形状和用玻璃制成来代替三角形形状和不透明对于本领域普通技术人员来说同样是显而易见的。

法院在审理中则认为，在确定外观设计的可专利性时，必须考虑外观设计的整体视觉效果，外观设计必须以附图所示进行整体观察并且与现有产品进行比较，而非与可能通过从现有设计中选择单个特征并组合它们（尤其是组合它们需要改变每一单个特征）获得的产品进行比较。因此，必须找到参照物，即现有的产品，其设计特征与所要求保护的外观设计基本上相同以便支持显而易见性的裁定。不管裁定以单篇对比文件为基础还是以次要对比文件结合主要对比文件为基础，都需要确定这样的参照物。

在本案中，与本申请的茶几设计进行比较的"现有产品"是对比文件1。如果只是将对比文件1改变到使其成为茶几的程度的话，则对比文件1并不具有本申请茶几的设计特征，即，对对比文件1进行为获得本申请的茶几设计所必需的改变会破坏对比文件1的基本特征，因此，对比文件1并不能满足基本设计的要求。虽然可以增加其他相关对比文件中的特征或者将其与基本设计中的特征进行互换以获得本申请的外观设计，并且普通设计人员能够认识到对比文件1和本申请的设计具有同时期风格的特征，但是普通设计人员同样会发现它们在构思方面明显不同，即，本申请与对比文件1具有不同的视觉印象，对比文件1体现了空间受到限制的构思，而本申请则体现了空间开放的构思。因此，审查员在没有提供进行"重新组合"所需的基本设计，仅以本申请的外观设计是多种家具元素的"重新组合"而作出的驳回决定不能成立。同样，申诉委员会在判断显而易见性时也忽略了合适的起点，即体现类似设计构思的基本设计的必要性。尽管茶几或相近家具设计领域的普通技术人员可以获知对比文件1的设计知识，但这种知识本身不能使本申请的茶几设计显而易见。因此，基于上述理由法院撤销了原驳回决定。

通过本案可以看出，评价显而易见性的基础在于寻找合适的基本设计，该基本设计必须与本申请具有基本相同的设计特征，呈现基本相同的整体视觉印象，而本申请与基本设计的区别也仅是不影响基本设计的整体视觉印象的次要设计要素。美国法院在外观设计案件审理中涉及"显而易见性"问题时均强调，外观设计以其具有吸引力的外部形态获得保护，这与发明实用新型保护产品的结构组成是明显不同的。在评价发明实用新型的显而易见性时，本领域技术人员通常会关注产品的构成是否显而易见，而在评价外观设计的显而易见性时，本领域普通设计人员通常关注通过对基本设计进行改变以获得与本申请具有相同整体视觉效果的产品是否显而易见。如果为了获得本申请需要对基本设计进行大量的实质性改变从而破坏其基本构成的话，通常会导致现有设计不能结合或者使结合变得困难，例如本案的对比文件 1 所公开的桌子与该申请所要求保护的茶几具有不同的基本构成，其呈现出不同的视觉印象，未达到基本设计的要求，法院由此认为现有设计中没有给出结合的启示。

2. 韩国："胶带卷轴"案

如图 3.2-9 所示，本申请是一项部分外观设计，申请人请求保护的部分实际上起到了缩小了胶带和卷轴的接触面积，是防止遮拦及倒下现象的创新型设计。但是本案作为外观设计专利申请，审查员则认定本申请仅仅是将在国内广为公开的直六面体或者直线（因其突出的高度极低，用肉眼观察时呈直线形状）按放射状结合而得出的外观设计，因此本外观设计属于具有该领域一般知识的人易于制作的设计，不具有创造性，依据韩国《外观设计法》第五条第二款规定作出驳回决定。

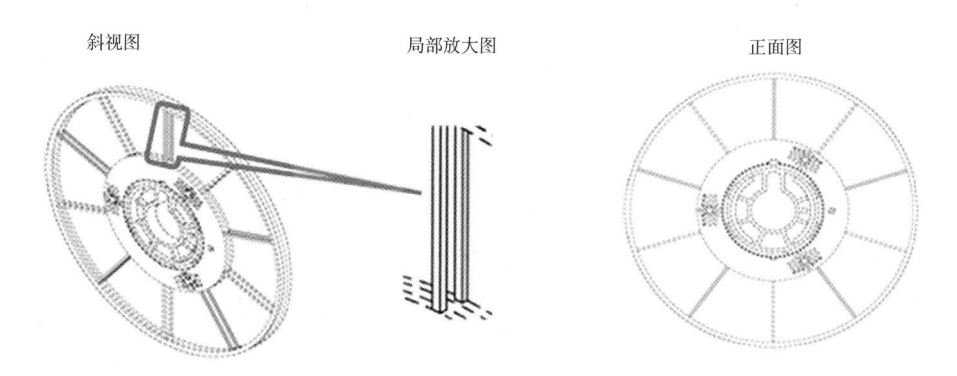

斜视图　　　　　　　局部放大图　　　　　　　正面图

图 3.2-9　外观设计申请视图

3. 欧盟："游戏圆片"案

如表3.2-2所示，本案涉及第74463-0001号欧盟观设计（下称本专利），本专利享有西班牙外观设计157156号申请的优先权。西班牙的申请中还包括其他两个变形的设计，西班牙的变形设计中仅是将原盘中心的形状变换为三角形或六边形，权利人是PepsiCo Inc.。本申请具有三个视图。

请求人Grupo Promer Mon Graphic, SA.以该共同体外观设计不具备新颖性和独特性以及与在先设计冲突为由提出无效请求。请求人提交的证据是第53186-0001号欧盟外观设计（下称在先设计）。

表3.2-2 "游戏圆片"案

		本申请	在先设计
	视图		
无效决定	设计自由度		整体设计自由度较大
	经验用户印象		均具有呈圆形围绕中心区的边缘，二者的整体印象相同
申诉委员会	设计自由度		设计人员的自由度受到较大的限制
	经验用户印象		横截面上的差异，足以使本专利和在先设计产生不同的整体印象

续表

	本申请	在先设计
欧盟初审法院	设计自由度	设计自由度受到实现产品或部件的技术功能的特征的限制，整体形状设计自由度小，而中心部分的设计具有较大自由度
	经验用户印象	二者在设计自由度较大部位的相似点更吸引经验用户的关注，会给经验用户留下二者相同的整体视觉印象

无效决定认为，设计人员在设计游戏圆片时的设计自由度较大，而本专利与在先设计具有相同的基本特征，均具有呈圆形围绕中心区的边缘，二者的整体印象相同。二者的差别仅在于中央区域的表面轮廓突起的变化，但对经验用户而言，并未产生不同于在先设计的整体印象，因此本专利与在先设计冲突，应予宣告无效。

权利人 PepsiCo Inc. 不服无效决定，向申诉委员会提起申诉。申诉委员会经审理认为，设计人员的自由度受到较大的限制，由于经验用户在评价两个外观设计时通常不必考虑本案产品中所属种类产品的惯常的、普通的设计，而更关注独特的或不寻常的特征，因此本案中横截面上的差异，足以使本专利和在先设计产生不同的整体印象。申诉委员会撤销了无效决定。

无效请求人 Grupo Promer Mon Graphic SA 不服申诉委员会作出的决定，向欧盟初审法院提起诉讼。法院经审理认为，设计人员的设计自由度受到实现产品或部件的技术功能的特征的限制，或者受到产品必须符合法定标准的限制。就本案而言，游戏片呈扁平小盘是该类产品的一个普遍特征，盘边缘卷起是由于该产品供儿童玩耍，为满足安全性要求而受到的限制，它们均不会受到经验用户的注意。在上述限制的制约下，中心部分的设计具有较大自由度，除了圆形外，完全可以采用三角形、六角形、甚至方形或椭圆形。其设计变化易于受到经验用户的关注。而本设计和在先设计的中心凸起均呈圆形。虽然本专利的中心部分向上隆起，在先设计的中心部分相对平坦，但是由于圆盘较薄并且中心凸起形成的弯曲程度较轻，特别是从上方观察的时候，其弯曲程度的差异不会被经验用户轻易觉察到。因此，二者在设计自由度较大部位的相似点更吸引经验用户的关注，会给经验用户留下二者相同的整体视觉印象。因此，本设计没有独特性。

通过本案我们不难看出，在欧盟的外观设计独特性评判中，产品的设计自由度会对最终独特性判断结果产生较大的影响。自由度大的部位，相同的设计特征会起到主要作用，较易给经验用户留下二者相同的整体视觉印象；自由度小的部位，不同的设计特征会起到主要作用，较易给经验用户留下二者不同的整体视觉印象。

第三章
侵权判定分析

3.1 各国判断条件对比

将美国、日本、韩国、欧盟进行外观专利侵权判断中的主要判断条件进行对比，如表3.3-1所示。

表3.3-1 各国侵权判定条件对比

	美国	日本	韩国	欧盟
判断主体	普通观察者	一般消费者	一般消费者	见多识广的用户
产品类别	相同或相近领域	相同或相近产品	相同或相近产品	不考虑产品类别
判断原则	普通观察者法	修正混同说	知识产权审判庭确认专利权的范围	见多识广的用户的整体印象是否相同
判断标准	以是否造成普通观察者的混淆和误购为基础	与新颖性标准相同，以是否导致消费者误认、混淆为要求	参考外观设计权利范围审判结果进行判断	与授权标准一致

3.2 各国侵权判断原则与标准分析

3.2.1 美国

在美国的专利司法实践中,有两种形式的侵权:一种是直接侵权,指被控侵权的外观设计与受保护的外观设计进行一对一的比较后认为相同或者相似构成侵权;第二种是等同侵权,对外观设计而言,是指被控侵权的外观设计与受保护的外观设计虽然不完全一样,但外观设计对在先设计的装饰性部分进行了似是而非的模仿,或二者的主要因素实质上相近似,则认为是等同的。对比美国新颖性要求可以看出直接侵权的判定标准与新颖性标准近似,而等同侵权的判定标准要高于新颖性标准。

此外,美国进行侵权判断的判断主体"普通观察者"与在新颖性判断中的判断主体"普通观察者"所具备的能力也并不完全相同。新颖性判断中的"普通观察者"不具备任何领域的设计知识,仅具备一般的观察能力,而侵权判断中的"普通观察者"是一个虚拟的主体,其需要对类似产品的现有设计有合理程度的熟悉与了解,并有能力在此基础上对专利设计与被诉设计的近似性进行评价。这也可以看出美国新颖性标准较低,侵权判定标准略高于新颖性标准。

早期的美国外观设计专利侵权判断原则被称为"两部分"测试法,分别为"普通观察者法"和"新颖点法",一般情况下只有在两种判断法中同时满足侵权要求时才构成侵权。"普通观察者法"是指如果在普通观察者眼中,以一般的注意力来看,两个外观设计基本相同,且相似程度足以欺骗该观察者,并使他误认为是专利产品而购买,则侵权。"新颖点法"则是指被控侵权产品与专利产品的相似点中必须包含与现有技术相区别的新颖点。而近年来的司法实践中,"新颖点法"不再单独被用于侵犯外观设计专利权的判断,而"普通观察者法"应作为判断外观设计专利是否被侵犯的唯一标准。同时有判决还指出,"新颖点法"今后将作为"普通观察者法"的一部分予以进行,而不是作为一个独立的判断原则。尽管"新颖点法"不再适用，法院应在分析区别的基础上、基于整体作出判断，但是将分析的重点放在那些主要的、能够将专利设计与现有设计区分开来的特征上并无不当，因为其对整体视觉效果的影响绝非微不足道。

3.2.2 日本

日本的外观设计侵权判断原则在外观设计法的发展历程中也经历了数次变化，概况来讲，主要是由早年的"混同说"向"创作说"演变，最后形成现如今在日本司法界占主流地位的"修正混同说"。

"混同说"是指，当被告正在实施该外观设计时，应当以那些参与实施该外观设计所涉及的产品的人是否感到了会引起与其他产品相混淆的近似程度，作为相近似判断的标准。也就是说，当市场交易中产品的购买者因为两件外观设计相似而将产品 A 误认为是已授权的外观设计产品 B 时，则可得出产品 A 外观设计侵权的结论。"创作说"是指，出于对外观设计法属于创作保护的考虑，在判断侵权时着重比较外观设计的创作部分，当两件外观设计创作的要点相近似时，则可认为构成侵权。其创作的要点是指，创作者真正创作的、最引人关注的那部分，即外观设计的要部。

"修正混同说"是指，将外观设计中新颖的且非常吸引需求者注意力的部分视为外观设计要部的一种学说。该原则会将两件外观设计的要部进行比较，同时考虑物品的用途、使用形态等，若需求者在整体美感的角度认为两件外观设计容易混同，则认为构成侵权。相比之下，修正的混同说对外观设计的保护力度更大，保护范围更宽。因为在该原则中，即便两件外观设计在外观上有不易混淆之处，但只要它们的设计要部存在相同或相似，我们仍然可以作出两者相近似的判断，从而得出侵权的结论。因此，日本侵权判断过程中会更侧重考虑从创作要部的比对结果作出判断。

3.2.3 韩国

1. 外观设计专利保护范围

在韩国，可以向知识产权审判庭（IPT）提起审判来确认专利权的范围。

该审判是一个韩国特有的制度,围绕该制度始终有很多争论。尽管有人提议要废除该制度,但大部分意见认为该审判制度在解决纷争时起到了很重要的作用,应该继续维持。

所谓权利范围审判是指为确认外观设计专利权的保护范围,即确认专利权的效力所涉及的具体范围而请求的审判制度。该审判并非确认权利要求书的请求范围,而是确认在与特定对象(所谓 A 外观设计)的关系中专利权的效力所涉及的具体范围。进行权利范围确认审判,需要提交请求书、外观设计专利的附图、他人正在实施的(A)外观设计的具体附图。

判断方法不仅判断两者的相同性,对(A)外观设计是否属于外观设计专利的权利要求的范围以事实关系为基础进行实质性的判断。

2. 侵权判定

进行权利范围审判后,对(A)外观设计是否属于权利要求的效力范围作出决定之后,审决的决定在审判诉讼过程中起到很好的参考作用。

3.2.4 欧盟

1. 欧盟外观设计侵权判断

欧盟的外观设计侵权诉讼程序中,其审判程序一般如下。

(1)判断涉案外观设计的有效性

如果涉案外观设计被宣告无效,则侵权诉讼的基础将不复存在。因此,基于被告提出的证据判断涉案外观设计是否有效是首先要解决的问题。

(2)确定涉案外观设计的保护范围

在涉案外观设计维持有效的情况下,法官结合现有设计状况、知情使用者的资格、设计者的自由度确定涉案外观设计的保护范围。其中,现有设计状况和设计者的自由度均可根据双方当事人提交的现有设计群的相关资料作出判断,从而确定出外观设计的合理保护范围。

(3)判断被诉侵权产品是否落入涉案外观设计的保护范围

在确定涉案外观设计保护范围的基础上,将涉案外观设计与被控侵权产品进行对比，判断两者的整体印象是否不同，从而确定侵权行为是否成立。

在欧盟外观设计条例中，外观设计保护范围的定义与授权的独特性要求的定义在文字表述上是完全一致的。因此，欧盟的侵权标准和授权标准是完全一致的，均是以给见多识广的用户的整体印象是否相同作为判断标准，这点与日本、美国等国家不同。

2. 欧盟外观设计的权利效力

《欧盟外观设计法》第19条规定了共同体外观设计的效力，注册外观设计和非注册外观设计有所区别。

1）注册制外观设计的权利持有人拥有使用和阻止第三人未经其同意不得使用的排他权利。前述的使用特别包括制造、提供、销售、进口、出口，或使用包含或运用该设计的产品，或者出于上述目的购买这样的产品。

2）非注册制外观设计的持有人的权利仅为禁止他人抄袭被保护的设计以竞争使用，但被合理地认为是不知晓持有人公之于众的该设计的设计人经由独立工作的创造，不能认为是抄袭被保护设计。对于注册制外观设计延期公开在相关的登记和申请情况不为公众所知的情况类似于非注册制外观设计，仅禁止抄袭的竞争使用。

此外，在《欧盟外观设计法》第10条中规定：共同体外观设计授予的保护范围包括不能给见多识广的用户不同的整体印象的任何设计。因此，一件外观设计的注册将保护该外观设计所结合的或所应用的全部物品。在授权审查和侵权判定中进行对比的产品没有类别相同或相近似的限定，而是对脱离于产品之外的抽象设计的保护。

3.3 各国侵权案例分析

1. 美国：投掷球侵权案

OddzOn 是一家玩具和体育用品公司，其销售的带有一条尾巴且具有鳍状结构的橄榄球形泡沫塑料球广受欢迎，该球是 Oddzon 的专利产品。Just Toys，Inc.（简称"Just"）是另一家玩具与体育用品公司。该公司也生产、销售了一系列带有若干鳍和一条尾巴的投掷球。Oddzon 指控 Just 侵犯其专利权，并且向法庭提交了 21 份造成"实际混淆"的证据，证明被控产品与专利产品相近似，请求法院判令被告侵权。涉案的投掷球的外观设计如图 3.2-1 所示。

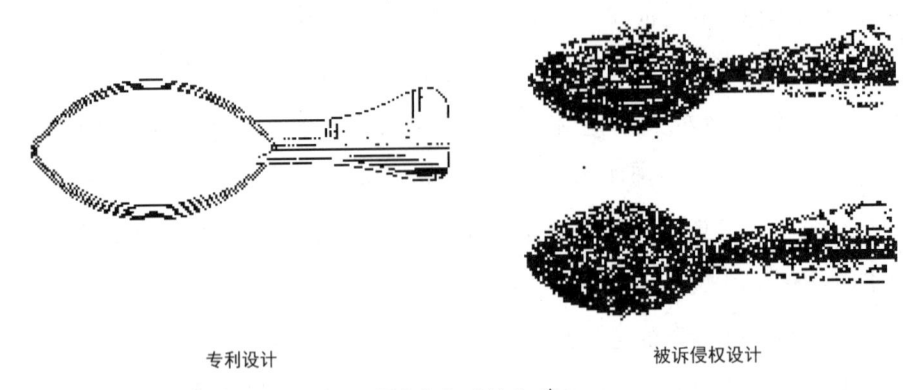

专利设计　　　　　　　　　被诉侵权设计

图 3.3-1　OddzOn 案

一审法院认为，专利权人提供的这些证据最多只能说明，任何带有一条尾巴和若干鳍的球，看上去都会与本外观设计相似，而与其装饰特征无关，专利权人不能证明被控产品与专利设计在装饰性特征方面任何相似性，无法确定"混淆"是否是由于装饰性特征引起的，认定侵权不成立。OddzOn 不服，提起了上述。美国联邦巡回上诉法院在上诉审理中认为，在对外观设计侵权进行分析时，仅仅将被控侵权产品与外观设计专利的附图进行比较是远远不够的。一项外观设计专利所保护的，仅仅是该专利设计的新颖性、非功能性或者说是装饰性的特征。如果一项外观设计专利既包含功能性的又包含非功能性的组成部分，那么权利要求的范围首先必须从辨明该外观设计的非功能性方面来加以解释，然后专利权人必须证明，一个普通人将授权的专利产品与被控侵权产品相混淆，是由于两种产品所共有的且均为装饰性的特征造成的。本案专利权人的专家观点仅仅注重于外形上的相似性，而对这种相似性是否是由于装饰性特征引起的问题未作任何分析和结论。因此，尽管原告的证据能够证明"实际混淆"和被控产品与专利产品的相似性，但不能证明这种相似性是由于装饰性特征引起的。结果，二审法院仍然驳回了专利权人的上诉。

由本案中可以看出，对于美国的外观设计专利侵权案件而言，确定保护范围的步骤也是必不可少，因为基于外观设计专利仅保护专利设计的新的、装饰性特征的规定，在确定外观设计专利保护范围时需要区分要求保护的外观设计的功能性特征和装饰性特征，当外观设计包含功能性和非功能性特征时，应对权利要求的保护范围进行解释，以确认该专利所显示的所有设计内容中非功能性的外观特征。因为只有这些特征才与侵权判断有关。但是这并不意味着在进行解释时把外观设计中的功能性特征直接排除在外，也不意味着这些特征的存在就会导致外观设计专利的无效，而是要根据这些特征合理地限定出要求保护的外观设计的范围。

本案中，仅就头部是橄榄球形状和尾部是鳍状结构来说，被控侵权产品与Oddzon专利外观设计明显地是相似的，但要证明侵权成立，Oddzon有责任提供证据证明是橄榄球形状与尾部鳍状结构相结合的装饰性外观特征导致了被调查者认为在视觉上相似。Oddzon主张其投掷球的外观设计专利中橄榄球状的头部和鳍状结构的尾部是装饰性特征，因为"对于掷球来说，它都不是必需的"。而联邦巡回上诉法院则认为，尽管对投掷球来说存在多种设计的可能性，但是从本专利的设计目的来看，其是为了作出一种能够像橄榄球那样被投掷、飞行路线又与橄榄球不同的投掷球。本专利橄榄球状的头部和尾部的鳍状设计都是为了实现上述功能特点而作，其尾部和鳍状的设计就如同火箭和飞镖上的类似设计一样，增加了飞行的稳定性，不能仅因为上述特征并非投掷球所必需，就认为它们不是功能性设计。然而在 Oddzon 提交的调查证据中，并没有询问被调查者，他们是否认为除专利外观设计与被控侵权产品两者在实质上均是带有尾巴和鳍状结构的球的事实外，存在整体的相似性，所以这些证据并不能证明这种"实际混淆"是由于被控侵权产品具有与专利外观设计相似的装饰性外观特征的原因而造成的。因此，联邦巡回上诉法院最后确认地区法院对本案作出的不侵权判决。

2. 日本："打火机"侵权案

表 3.3-2 "打火机"侵权案

案件名称	打火机案
判决要点	被告的设计与原告的相近似，侵犯了原告的外观设计权，原告有权要求被告停止或（和）禁止制造、进口、销售、展示被告的打火机，处理掉这些产品，不得延误。
决定号	大阪地区法院决定 2005 年 12 月 21 日 Heisei16（Wa）No.5644
外观设计专利	被控侵权设计 1 被控侵权设计 2

该案主要涉及侵权产品是否与本外观设计产品相近似从而构成侵权（见表3.3-2），原告认为，两项外观设计的主要特征相近似：①打火机头部从按压按钮至防风部位成曲线形；②打火机上部与下部的分界线是与头部的曲线平行的曲线。除外观设计主要特征之外，其余相似的设计有①在防风部位的前后围绕按压按钮的部位是长方形的凹槽；②防风部位处有四个通风管。两者存在的区别有：①被控外观设计1的按压按钮装饰有垂直条纹；②本外观设计的前面、后面的通风管是斜着设置的，而被控侵权设计1上是垂直设置的；③本外观设计打火机上下两部分的分界线由曲线变为直线，被控外观设计1中的直线部分要短一些。但是，上述区别不显著，不会让消费者认为两者有太多不同，不能超越其主要特征或整体设计上的相近似性。至于被控侵权的打火机的主体部分是透明的情况，由于这样的透明打火机已经被广泛销售，并且被控侵权的打火机的内部仅仅是功能性设计，消费者不会特意注意到它的主体是透明的。购买的时候，销售商会单独观察打火机的，购买者会把更多注意力放在显示打火机区别的上部。

被控侵权人反驳：购买任意一个打火机时，消费者的注意力主要集中在机身部位，因此在确定打火机的主要特点时应将注意力集中到打火机机身部位的设计。两外观设计表达主要设计特点的形状给消费者以不同的美感。本外观设计打火机上部的曲线，给消费者一种女性的、雅致的印象，而被控外观设计2由于其骨架设计给消费者一种男性的、机械的印象，被控外观设计2的防风部位近似平行四边形，而本外观设计为变形五边形，其余每个细节设计都不同，影响到打火机相近似性的判断。因为：①功能限定，打火石、燃料罐等点火装置是必需的；②外形限定，打火机设计要方便携带。此外，由于透明或者半透明使得机身内部可见，机械结构可以显示出来，内部机构能成为一个可见的设计特征。整个内部结构并不必须是功能性的，即使内部确实包含功能，设计也不一定是相同的。

大阪地区法院判决认为：本外观设计与被控外观设计基本结构相似，上部均由覆盖住火罐的防风部位和按压按钮组成，下部为机身，防风部位和按压按钮形状相同，机身部位的主视图为矩形，俯视图本外观设计为长椭圆形，被控外观设计则为惯常的椭圆。两者局部设计上的异同点可归纳为表3.3-3。

表3.3-3 涉案打火机两者异同

	本案外观设计	Y的打火机外观设计
主要部位	1）打火机的主要部分是矩形，长宽比例为3.5∶1 2）在主视图中，下部（机身）与上部（防风部位）的长度比例为8∶1，防风部位与按压按钮的比例为1∶1 3）在主视图中，打火机的顶部为曲线，顶点在中部，两端逐渐下降 4）上部与下部的分界线为：①主视图中水平线约占主要部分的1∶7；②从前述水平线的右端开始的向上向右延伸的曲线；③渐缓的向上向右延伸曲线从前述曲线右端开始，至打火机的主体的边缘 5）上部顶线与上下部的分界线平行	1）打火机的主要部分是矩形，长宽比例为3.5:1。 2）在主视图中，下部（机身）与上部（防风部位）的长度比例为8∶1，防风部位与按压按钮的比例为1∶1 3）在主视图中，打火机的顶部为曲线，顶点在中部，两端逐渐下降 4）上部与下部的分界线为：①主视图中向上向右曲线一直延伸到主要部分的中部；②一条水平线延伸至打火机的边缘 5）上部顶线与上下部的分界线平行
机身部位	打火机机身部分是矩形，它的顶线是主要部位4）所描述的，底线和侧边线都是直线	打火机机身部分是矩形，它的顶线是主要部位4）所描述的，底线和侧边线都是直线

续表

	本案外观设计	Y 的打火机外观设计
防风部位	1）打火机的防风部位是五边形，是一个变形的长方形形状。顶线是上部的右旋曲线，底线从左端开始是水平线，接着从前述曲线的右端开始是一段圆弧，左右两侧的线条是垂直线 2）防风部位从上往下看有一个圆形的火罐和半圆缺口 3）左视图中，设置有循环用的两个切口，没有火焰调节杆 4）在主视图和后视图中，防风部位设置有一个凹度用于保护不被火焰烧着，和斜的切口用于循环	1）打火机的防风部位是长方形，顶线是上部的向上向右延伸曲线，底线是向上向右的圆弧，左右两侧的线条是垂直线 2）防风部位从上往下看有一个圆形的火罐和四分缺口 3）左视图中，设置有四个不同长度的用于循环的切口，缺口下面设置有火焰调节杆 4）在主视图和后视图中，防风部位设置有一个凹度用于保护不被火焰烧着，但没有用于循环的斜的切口
按压按钮	1）按压按钮在形状上是长方形，顶线是略微向下的右旋曲线，底线是略微向上的右旋曲线，两侧是垂直线 2）按压按钮的顶点是向下的右旋曲线	1）按压按钮在形状上是长方形，顶线是略微向下的向右延伸的曲线，底线和两侧边线是直线。 2）按压按钮的顶点几乎是水平线 3）按压按钮的后部装饰有垂直条纹，围壁设置有凸凹面

大阪地区法院同时指明了仅在被控外观设计中发现的结构：

1）机身内部是燃气罐，该燃气罐被一个从打火机头部延伸到接近底部的分割板分为左右两部分，这左右两部分在接近罐底部的位置连通。

2）主视图中罐左边头部比右边头部高，达到了打火机高度的 1/3 处。

3）主视图的左边，类似螺杆并柱状固定的开关阀，设置有密封用的罐，装配有喷雾过滤器的细长杆从阀体延伸到接近罐的底部的位置。

4）右边的罐高度到机身 1/2 的位置，其上部是点火储存器。

5）点火部位设置有内部装有压电元件的可伸缩长方体。

大阪地区法院认为：判断两外观设计相近似性时，应首先全面综合观察每项外观设计,然后考察到外观设计的使用状态、目的、方式等和所存在的在先设计中从未出现过的创新部位,将注意力关注的部位作为外观设计的主要设计特征部位,应依据整体综合观察时外观设计是否具有共同的美感作出相近似性判断。一般地,打火机消费者观察打火机时,是拿着它从前后看机身、点火罐和按压按钮等比较每款公知设计的使用状态、目的和使用方式,法院考虑到本外观设计的结构和新颖性后得出如下结论:"本外观设计的结构从未在在先设计中出现过,更进一步,直线、曲线的位置或/和其结合设计有独特的美感",因此本外观设计上部的结构应该引起消费者的注意,是外观设计的主要特征。观察被控外观设计打火机上部与下部分界线的区别,不应成为观察者认为其与本外观设计有相同美感的障碍。鲜有经销商或者消费者将注意力主要集中在平面形状上,不管是长椭圆还是惯常椭圆,也鲜有消费者在买打火机时特别注意切口、是否有或者有几个火焰调节杆,因此两外观设计的区别是很细微的,很难引起消费者的注意。可以推测,打火机外观设计被注册不仅是因为透明、内部结构可见这样的事实,没有证据认为被控外观设计的内部结构赋予了其设计新的意义,被控外观设计2的结构的垂直条纹没有显著意义。因此两外观设计相近似,侵权成立。

从本案可知,日本外观设计侵权判定就是判断两外观设计是否相近似,其判断主体是打火机的消费者,判断方式也是单独对比、整体观察综合判断,即首先全面综合观察每项外观设计,然后考察外观设计的使用状态、目的、方式等和所存在的在先设计中从未出现过的创新部位,将注意力关注的部位作为外观设计的主要设计特征部位,依据整体综合观察时外观设计是否具有共同的美感作出相近似性判断。本案中,法院考察了本外观设计、被控侵权的外观设计和公知外观设计的细节和不同要点后,作出了非常细致的比较,同时,法院清楚地阐明了判断元素,即是基于以前观察者感受到的美观标准作出相近似性判断的。由此可见,日本的侵权判断标准类似于其新颖性判定标准,要在充分调查外观设计的使用状态、目的、方式以及公知设计的情况下，进行被控侵权产品与涉案专利是否相同和相近似的判断。

3. 欧盟："喷雾器"案

本案是保洁公司诉利洁时公司的喷雾器产品外观设计侵权案件，如图 3.3-2 所示。保洁公司喷雾器产品名称为"Febreze"，注册号为 97969-0001（下称本专利）。保洁公司称利洁时公司的 Air Wick Odour Stop 产品（下称被控侵权产品）的包装侵犯了其"Febreze"注册共同体外观设计。该案先后经过两审。

本专利

被控侵权产品

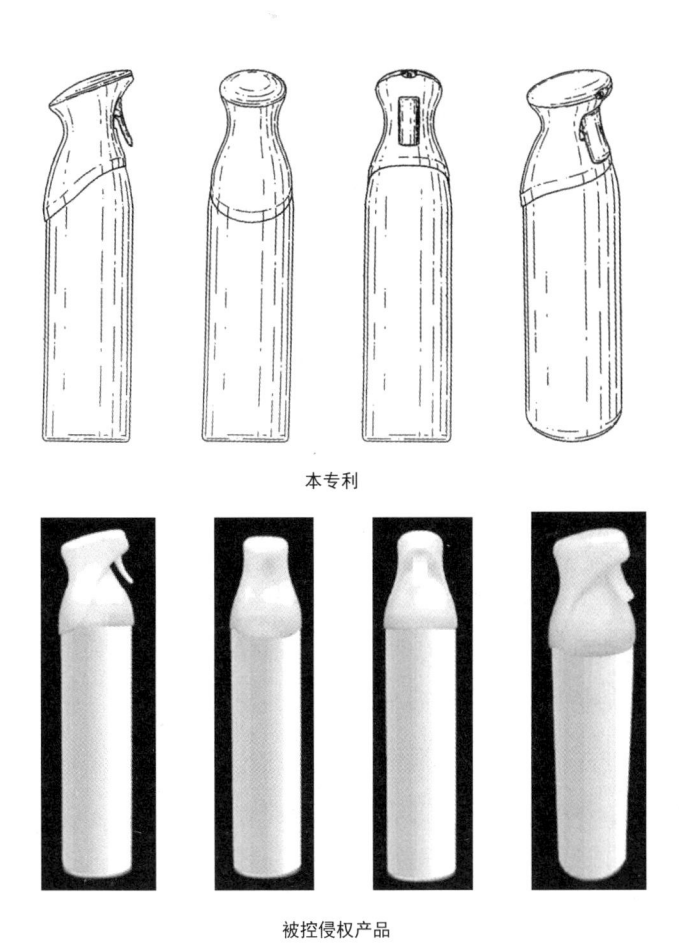

图 3.3-2 "喷雾器"案

本案是注册共同体外观设计的侵权案件，因此，在认定是否侵权之前，必须首先认定注册的外观设计是否符合授权标准以及该设计的主要设计特征。本案一审法院判决注册外观设计符合授权标准，被控侵权成立。二审法院撤销了侵权指控。

本案涉及设计空间方面的主要问题有以下几处。①设计必须符合人体工程学的要求：头部最上端环圆周向外凸出，颈部狭窄，这样设计既可以提供一个防止容器从消费者手中滑落的法兰状部分，又可以容易地将瓶体容器作为把手。②现有设计状况对注册的外观设计的创作没有形成任何限制。现有设计的空气清新剂都是通过按压罐体顶部的一个按钮，垂直施力发射出喷雾。相比之下，扳机控制的结构则是水平方向施力，扳机控制的结构在之前并未应用于空气清新剂。有角度的喷雾头没有在现有设计中出现过。③罐体的直径必须符合欧盟的标准。

被控侵权方极力抗辩，两个外观设计在设计上出现雷同是为了满足实用功能的要求。两审法院都判决注册的共同体外观设计符合授权标准。

二审法院认定，被控侵权的产品在头部侧面增加了从喷嘴下部斜向延伸的设计；顶部的圆周缩小，从而损害了实用功能，不能满足人体工程学的要求，由此导致被控侵权产品与本专利的外观不同，不能认定为侵权。因此，一审法院认定侵权，被二审法院撤销。

欧盟在外观设计侵权案件中，法院也会考虑设计自由度问题。被控侵权的产品为了避开侵权指控，其设计造成对产品实用功能的损害是认定侵权不能成立的重要因素。无论在确权还是侵权程序中，欧盟外观设计都不存在组合对比的情形。

参考文献

[1] 詹智玲.日本外观设计法简介[J].科学学与科学技术管理,1994,15(12):50-52.

[2] 吴秀娥.日本外观设计法的修改[J].中国对外贸易商务月刊,1999,(5):63.

[3] 张青.中日专利"加快审查制度"之比较[J].电子知识产权,2010,(6):92-93.

[4] 于立彪.现行法律制度下"关联外观设计"保护探讨[J].中国专利与商标,2007,4:47-49.

[5] 梁浩.产品部分外观设计保护[J].法制与社会,2010,1(中):87-88.

[6] 中国人民大学知识产权教学与研究中心,中国人民大学知识产权学院.十二国专利法[M].北京:清华大学出版社,2013:755.

[7] 何艳霞.韩国外观设计保护新进展[J].中国发明与专利,2007(8):81.

[8] 黎海波.韩国知识产权保护的措施与经验[J].中国科技信息网,2008(1).

[9] 黄善瑛.关于韩国字体的知识产权保护研究[J].广西大学学报,2014,36(1):68-74.

[10] 崔凤恒.韩国对网络游戏软件知识产权的法律保护[D].延吉:延边大学,2012.

[11] 李精允.关于外观设计保护法上字体设计成立要件的研究[J].韩国设计学会,2010(10).

[12] 韩国特许定品牌战略：字体攻略[EB/OL].[2010-10-07].http://kipo.korea.kr.

[13] Application Procedure for Trademarks[EB/OL].[2013-03-12]. http://www.kipo.go.kr/kp o/user.tdf?a=user.english.html.HtmlApp&c=30103&catmenu=ek04_02_01 .

[14] Fees and Payments[EB/OL].[2016-05-23].http://www.kipo.go.kr/kpo/user.tdf?a=user.english.html.HtmlApp&c=93006&catmenu=ek04-04-01.

[15] Laws & Regulations [EB/OL].[2014-07-02].http://www.kipo.go.kpo/user.tdf?a=user.english.html.HtmlApp&c=93007&catmenu=ek04-05-01.

[16] 2000年印度设计法.The Designs Act,2000[EB/OL].[2016-07-06]. http://ipindia.nic.in/ http://ipindia.nic.in/ipr/design/design_act.PDF.

[17] 印度外观设计细则2001年,2008年,2014年 The Design Rules, 2001/2008/2014 [EB/OL]. [2016-07-06].http://ipindia.nic.in/ipr/design/designs.htm.

[18] 印度外观设计申请表格,Forms [EB/OL]. [2016-07-06] http://ipindia.nic.in/ipr/ design/designform.htm.

[19] General Information Booklet for Registration of Design [EB/OL]. [2016-07-06] http:// pindia.nic.in/ipr/design/Design_Registration Booklet/RegistrationBooklet_05February2010.pdf.

[20] Ten Steps to Design application [EB/OL]. [2016-07-06] http:// ipindia.nic.in/ipr/design/Design_RegistrationBooklet/Registration Booklet_05February2010.pdf.

[21] Frequently asked question & answers [EB/OL]. [2016-07-06] http:// ipindia.nic.in/ipr/design/faq_design.htm.

[22] Designs Registration in India [EB/OL]. [2016-07-06] http://ipindia.nic.in/eLearning/Design.pdf.

[23] 日本技術貿易株式会社. ブラジル・メキシコ・コロンビア・インド・ロシアの産業財産権制度及びその運用実態に関する調査研究報告書（2015）[EB/OL].[2016-07-06].http://www.globalipdb.jpo.go.jp/jpowp/wp-content/uploads/2015/11/4971423f7114c7621e2c145627d5dd04.pdf.

[24] 日本技術貿易株式会社. 各国における意匠の表現に関する調査研究報告書（2015）[EB/OL]. [2016-07-06]. http://www.globalipdb.jpo.go.jp/jpowp/wp-content/uploads/2013/09/c418893f8c897f6815e798147a25f045.pdf.

[25] 日本貿易株式会社.IP総研.日本とインドにおける意匠の新規性喪失の例外に関する比較（2015）[EB/OL]. [2016-07-06]. http://www.globalipdb.jpo.go.jp/laws/9474.

[26] 日本貿易振興機構.アセアン・インド知財保護ハンドブック（2013年3月）[EB/OL]. [2016-7-6]. http://www.globalipdb.jpo.go.jp/jpowp/wp-content/uploads/2014/11/5b25f6c914a44803f3c4ac58425b5b52.pdf.

[27] 百度百科 [EB/OL]. [2016-06-26].http://baike.baidu.com/view/6467395.htm.

[28] 兰台律师事务所.世界专利申请实务 [M].中国法制出版社.2014: 239-240.

[29] 诸敏刚，王娇丽，于立彪。海外专利实务手册（美国卷）[M].北京：知识产权出版社，2013.

[30] 美国专利商标局外观设计申请引导 [EB/OL].[2012-08-13]. http://www.uspto.gov/patents-getting-started/patent-basics/types-patent-applications/design-patent-application-guide.

[31] 美国专利费用表格 [EB/OL].[2016-01-01]. http://www.uspto.gov/learning-and-re sources/fees-and-payment/uspto-fee-schedule.

[32] 杨凤云. 对 OHIM 外观设计审查的深入观察与思考 [J]. 中国发明与专利，2015：22-25.

[33] 蹇炜. 专利代理事务及流程 [M]. 北京. 知识产权出版社，2013：134-139.

[34] 欧盟官网 [EB/OL].[2016-06-11]. http://oami.europa.eu.

[35] 戚文海. 关于中俄知识产权基本制度的比较 [J]. 俄罗斯中亚东欧市场，2007（3）：17-26.

[36] 刘海龙，于辉，姜华. 中华全国专利代理人协会出访俄罗斯、英国的考察报告 [J]. 中国专利代理，2011（3）：26-28.

[37] 柳彦淑. 俄罗斯知识产权保护体系期待完善 [J]. 中国发明与专利，2011（2）：102-104.

[38] 杨静. 俄罗斯关于外国知识产权法律保护之研究 [J]. 黑龙江省政法管理干部学院学报，2010（8）：125-128.

[39] 肖秋惠.20 世纪 90 年代以来俄罗斯的知识产权法律保护研究 [J]. 图书情报知识，2002（12）：24-27.

[40] 刘向妹，袁立志. 俄罗斯知识产权制度的变革和现状 [J]. 俄罗斯中亚东欧市场，2005（1）：40-45.

[41] 吴大章. 外观设计专利实质审查标准新讲 [M]. 北京：知识产权出版社，2013.

[42] 国家知识产权局专利局外观设计审查部. 外观设计专利申请与保护 [M]. 北京：知识产权出版社，2015.

[43] 国家知识产权局专利局外观设计审查部. 中国专利典型案例启示录外观设计篇 [M]. 北京：知识产权出版社，2015.

[44] 国家知识产权局专利复审委员会. 外观设计专利无效宣告典型案例评析 [M]. 北京：知识产权出版社，2013.

[45] ［英］David Musker·欧盟外观设计专利制度介绍[J].刘新宇，龙文，译.电子知识产权，2004（4）:29-32.

[46] 钱亦俊，张鹏.新《专利法》中外观设计专利权确权标准的具体适用[J].中国知识产权，2010（2）：58．

[47] 刘涛.工业产品造型设计[M].北京：冶金工业出版社，2008.

[48] 张广良.外观设计的司法保护[M].北京：法律出版社，2008.

[49] 吴汉东.知识产权基本问题研究（分论）[M].2版.北京：中国人民大学出版社，2009.

[50] 世界知识产权组织第857C号出版物：海牙协定工业品外观设计国际注册指南[M].2012：B.Ⅱ.7，18，27，31.

[51] 李扬.知识产权法基本原理[M].北京：中国社会科学出版社，2010.

[52] 彭学龙，赵小东.外观设计保护与立法模式比较及对中国的启示[J].知识产权，2007（6）：74-79.

[53] 李明德.美国知识产权法[M].北京：法律出版社，2003.

[54] 程永顺.中国专利诉讼[M].北京：知识产权出版社，2005.

[55] 程永顺.外观设计专利保护实务[M].北京：法律出版社，2005.

[56] 高晶，朱训平.浅析中国外观设计侵权判定标准[J].法治与社会，2008（5）：72-73.

[57] 董红海.中美外观设计专利侵权判定比较——基于美国外观设计案例的分析[J].知识产权，2005（4）：52-57.

[58] 尹新天.中国专利法详解[M].北京：知识产权出版社，2011.

[59] 胡充寒.外观设计专利侵权判定理论与实务研究[M].北京:法律出版社，2010.

[60] 程永顺.侵犯外观设计专利权判例[M].北京：知识产权出版社，2010.

[61] 孟维晓，何晓炜.外观设计专利侵权判定标准评析[J].法制与社会，2008（12）:102.

[62] 罗霞.外观设计专利相近似的司法判断[J].人民司法,2012(13):4-10.

[63] 张廷栓.外观设计专利侵权判定中的若干问题探讨[J].辽宁行政学院学报,2009(10):21-23.

[64] 中国-欧盟知识产权保护项目(二期):欧盟内部市场协调局共同体外观设计条例及审查指南.

[65] PROTOCOL ON PATENTS AND INDUSTRIAL DESIGNS WITHIN THE FRAMEWORK OF THE AFRICAN REGIONAL INTELLECTUAL PROPERTY ORGANIZATION (ARIPO)

[66] 海牙协定1960年文本第3条,1999年文本第3条.

[67] 海牙协定1999年文本和1960年文本共同实施细则第6条(1)、第6条(3)、第12条(3)、第14条(2)、第14条(3)、第16条(3)、第36条(1).

[68] 日本意匠法(昭和34年4月13日法律第125号,最终改为正平成20年4月18日法律第16号)[EB/OL]. http://www.wipo.int/wipolex/zh/text.jsp?file_id=187567,2014-07-02.

[69] 意匠审查基准[EB/OL]. http://www.jpo.go.jp/shiryou/kijun/kijun2/isyou-shinsa_kijun.htm,2014-07-02.